Les Secrets du lobbying

Martine Hébert

Les Secrets du lobbying

Ou l'art de bien se faire comprendre du gouvernement

Collection « Savoir faire »

Les Éditions Varia

Les Éditions Varia
C. P. 35040, CSP Fleury
Montréal (Québec)
Canada H2C 3K4

Téléphone : (514) 389-8448
Télécopieur : (514) 389-0128
Courriel : info@varia.com
Site web des Éditions Varia : www.varia.com

Données de catalogage avant publication (Canada) :

Hébert, Martine 1965-

Les secrets du lobbying, ou L'art de bien se faire comprendre du gouvernement

(Collection Savoir faire)
Comprend des réf. bibliogr.

ISBN 2-89606-002-2

1. Lobbying - Québec (Province). 2. Communication dans l'administration publique - Québec (Province). 3. Commissions parlementaires - Québec (Province). 4. Lobbying - Canada. I. Titre. II. Titre: Art de bien se faire comprendre du gouvernement. III. Collection: Collection Savoir faire (Montréal, Québec).

JL254.P7H42 2003 324'.4'09714 C2003-941534-1

Le Conseil des Arts du Canada depuis 1957 | The Canada Council for the Arts since 1957

Nous remercions le Conseil des Arts du Canada et la Société de développement des entreprises culturelles (SODEC) de l'aide accordée à notre programme de publication.

SODEC Société de développement des entreprises culturelles Québec

Gouvernement du Québec • Programme de crédit d'impôt pour l'édition de livres • Gestion SODEC

Couverture, maquette et mise en pages : Guy Verville
Photo de l'auteur : Guy Verville

Distributeur : Diffusion Prologue inc.
Téléphone : (450) 434-0306 / 1-800-363-2864
Télécopieur : (450) 434-2627 / 1-800-361-8088

ISBN 2-89606-002-2

Dépôt légal : 4e trimestre 2003
Bibliothèque nationale du Québec
Bibliothèque nationale du Canada

Imprimé au Canada

À Alexis
et à Magella

Remerciements

JE TIENS À REMERCIER tous ceux et toutes celles qui de près ou de loin ont exercé et exerceront des relations gouvernementales : groupes patronaux et syndicaux, groupes de femmes, groupes de défense de droits, groupes communautaires et culturels, artistes, entrepreneurs, citoyens. C'est à ces milliers d'hommes et de femmes que nous devons l'évolution de notre société.

Je remercie également tous mes clients et mes anciens patrons. Ces personnes, dévouées à leurs causes respectives, m'ont permis de raffiner mes connaissances en relations gouvernementales grâce aux mandats qu'elles m'ont confiés.

Merci à tous ceux qui ont accepté de me donner des commentaires sur cet ouvrage. Remerciements particuliers à Ghislain Dufour, ex-président du Conseil du patronat du Québec et conseiller principal au cabinet de relations publiques National, qui a relu la première version de mon manuscrit. Merci aussi à monsieur Richard G. Gervais, politologue, ancien adjoint politique du ministre des Affaires étrangères du Canada et président de GGA Communications, pour avoir partagé avec moi sa connaissance du système fédéral.

Finalement merci à Danielle Gauthier et Françoise de Luca, pour leur révision attentionnée du manuscrit, ainsi qu'à mes parents et amis qui m'ont supportée au fil de mon écriture en dépit de mon humeur vacillant au gré des cliquetis de mon clavier. Merci à Guy et Magella Hébert, Francine Simard, Benoit Gignac, Louis Hébert, Maryanne Zehil, Anne Jarry, Gisèle Prendergast, Éric Gagnon, Catherine Ferembach, Ginette Gauvin, Florent Francœur, Stéphanie Aubin et tous les autres que j'oublie malheureusement, mais que je salue et auxquels j'exprime ma reconnaissance.

Avant-propos

JE NE SAIS COMMENT UN BON MATIN, m'est venue l'idée d'écrire un livre sur le lobbying (ou les « relations gouvernementales » pour les plus vertueux d'entre nous). Comment et quoi écrire sur un sujet aussi sulfureux que le lobbying ? Comment parler d'un sujet aussi peu théorisé, dont les principes de base errent dans la matière grise des milliers de personnes qui, chaque jour, parfois sans même s'en rendre compte, font des relations gouvernementales ? J'ai néanmoins décidé de plonger. Plonger au risque de devoir parfois m'écarter du menu traditionnel adopté par trop d'instances au Québec : le confit de *politically correct*. Dans ce volume, j'ai voulu faire du lobbying un sujet comestible, voire digestible, parce que j'ai la ferme conviction que, sans les relations gouvernementales, notre société ne serait pas là où elle est aujourd'hui.

Le lobbying ne s'apprend pas sur les bancs d'école, il s'apprend sur le terrain. C'est pourquoi j'ai tenté de recenser dans cet ouvrage quelques principes de base du lobbying, tirés d'expériences, vécues ou observées, au cours des douze dernières années. N'ayant pas de livre de recettes particulier dont j'aurais pu m'inspirer, j'ai décortiqué les processus et les actions intuitives qui composent le lobbying, pour vous les livrer dans le style nouvelle cuisine. Ce livre n'a pas la prétention d'être exhaustif. Il a tout simplement pour objet de présenter avec des mots — crus parfois — une activité qui suscite encore une certaine répulsion chez plusieurs d'entre nous, mais qui, on l'oublie trop souvent, constitue une pierre angulaire de notre démocratie. Après tout, comme Simone de Beauvoir le disait si bien, « l'écrivain original, tant qu'il n'est pas mort, est toujours scandaleux ». N'en va-t-il pas de même d'un sujet comme le lobbying ?

Avis au lecteur

CE LIVRE EST UN GUIDE PRATIQUE à l'intention des personnes qui exercent directement ou indirectement le lobbying dans les organisations, qu'il s'agisse d'entreprises, d'associations sectorielles ou professionnelles, de regroupements, de coalitions, d'organismes communautaires, ou autres. Il s'adresse aussi à ceux et celles qui désirent en connaître davantage sur le sujet : directeurs d'organisations, entrepreneurs, étudiants, lobbyistes en devenir, relationnistes, juristes, communicateurs ou négociateurs.

Cet ouvrage traite principalement du lobbying auprès des autorités gouvernementales québécoises. Même si les principes visant à convaincre les gouvernements fédéral et provincial sont sensiblement les mêmes, les structures et processus décisionnels du gouvernement fédéral sont passablement différents de ceux que l'on retrouve à l'échelon québécois. En d'autres termes, le lobbying auprès des instances fédérales pourrait faire à lui seul l'objet d'un autre ouvrage complet. Nous en présentons toutefois un bref tour d'horizon au chapitre six.

Introduction

Les peuples bien gouvernés sont en général des peuples qui pensent peu.

André Siegfried

LES RELATIONS GOUVERNEMENTALES, communément appelées lobbying, font partie intégrante de nos sociétés démocratiques. Au fil des ans, elles sont devenues incontournables pour en assurer l'évolution. L'époque est dûment révolue où la majorité des organisations et des individus pouvaient sans s'annoncer pénétrer dans les enceintes des parlements et des offices ministérielles pour sensibiliser les élus à certaines problématiques. Les structures parlementaires et administratives des États ont évolué et se sont grandement complexifiées.

Bien entendu, dans notre démocratie, les citoyens peuvent exercer une influence sur les gouvernements grâce aux scrutins. Mais la démocratie s'exerce également en dehors des périodes électorales par les capacités d'influence des citoyens sur les structures et les décisions gouvernementales. Le lobbying prend tout son sens dans cette volonté, voire dans cette nécessité, de participer activement à l'évolution de la société.

Au Québec, on compte en 2003 des douzaines de ministères, des centaines d'organismes gouvernementaux et paragouvernementaux et des dizaines de milliers de fonctionnaires de tous niveaux. L'appareil étatique québécois a pris des allures tellement alambiquées que notre époque a été marquée par une croissance exponentielle des représentations auprès de ses multiples instances. Des milliers de groupes, d'associations et d'organisations contribuent chaque année à interpeller les gouvernements sur tous les enjeux de notre société, que ce soit en matière de santé, de services sociaux, d'économie, d'emploi, de conditions de travail, de protection des citoyens, de développement social ou d'affaires internationales. C'est là l'essence même des relations gouvernementales : tenter d'influer sur le cours des décisions et de faire changer les choses.

Au cours des dernières années, le lobbying a été passablement ostracisé dans les médias au Québec. Une raison fondamentale explique bien ce fait : la méconnaissance. En raison des événements rapportés à satiété dans certains médias, on peut comprendre que le lobbying soit victime de fausses idées. Le traitement qui a été réservé à cette discipline sur la place publique, qui a abouti à une espèce de «phobie du lobbying», n'a fait que renforcer ces perceptions erronées.

Le premier but de ce livre consiste donc à préciser ce que sont les relations gouvernementales. Est-il nécessaire de rappeler que, sans le lobbying, nombre de projets, tant sur les plans de la santé que de l'emploi, de la culture, des services sociaux, du développement technologique, communautaire ou économique, n'auraient jamais vu le jour ou seraient nés en retard au Québec ?

Le lobbying se retrouve dans toutes les sphères de notre société et s'y exerce sous plusieurs formes. Sans lui, exit la maison de jeunes du quartier, exit la nouvelle maison d'hébergement pour femmes en difficulté, les 300 emplois créés par la nouvelle usine de la région, les lois du travail équilibrées, les grands projets culturels, technologiques et économiques du Québec, pour ne citer que ces exemples.

Sans un Ghislain Dufour ou un personnage comme le regretté Louis Laberge — qui ont exercé le lobbying une grande partie de leur vie —, où en serait le Québec en matière d'équilibre des relations du travail ? Sans le lobbying des groupes communautaires, que serait notre vie quotidienne et la place des plus démunis ? Sans le lobbying, où seraient les champions de la technologie, le Cirque du soleil, les festivals, les entreprises biopharmaceutiques et nombre d'autres réussites québécoises ? Et la liste pourrait s'allonger…

Trop souvent, on limite les relations gouvernementales au simple fait de faire pression sur le gouvernement pour obtenir gain de cause. Limiter ainsi le lobbying représente une hérésie au même titre qu'affirmer que le travail d'un avocat consiste à aller prendre un verre avec les juges pour gagner ses causes.

Dans les relations gouvernementales, faciliter aux organisations ou aux individus l'accès à des membres d'un gouvernement ne constitue qu'une faible partie du travail requis pour arriver à un résultat. Combien de personnes ont entretenu des espoirs futiles parce qu'elles avaient parlé à un ministre ou à leur député de leur projet ou de leur cause ? Combien ont cru que, à cause d'une telle conversation, le tout était « dans la poche » ?

En fait, la quasi-totalité des efforts et du travail en relations gouvernementales réside dans la constitution d'un dossier et dans la préparation de rencontres avec des interlocuteurs gouvernementaux. Ce travail consiste à étudier et à comprendre les lois, les programmes et les politiques gouvernementales ainsi qu'à élaborer les stratégies et les argumentaires qui forgeront le dossier qu'on soumettra. En apparence, tout cela peut paraître facile. Mais qui ne connaît pas quelqu'un qui s'est buté à la complexité de l'administration publique, ne serait-ce qu'à celle d'un simple formulaire gouvernemental ?

Naviguer dans le processus parlementaire, se retrouver dans les dédales des programmes gouvernementaux, s'orienter dans le labyrinthe administratif pour réaliser un projet ou faire changer un règlement, et surtout une loi, voilà qui fait appel à plusieurs notions et techniques. Sans compter la connaissance que l'on doit avoir de l'actualité, des grandes tendances, des opinions, des acteurs impliqués et des éléments-clés à considérer pour forger des dossiers bien étoffés. Les composantes de tout ce système : les règles de fonctionnement, les protocoles, les processus, les programmes, les normes, les tendances, les acteurs, les enjeux, l'actualité, forment l'univers des relations gouvernementales et constituent la base d'un programme de lobbying efficace. Le deuxième objectif de ce livre est donc de vous livrer les stratégies et les principes de base d'un lobbying efficace.

Cet ouvrage s'applique principalement aux relations gouvernementales avec les autorités québécoises. Nous y abordons d'abord certains fondements du lobbying: définition, navigation dans l'appareil d'État et quelques principes de base. Nous examinons ensuite comment bâtir un argumentaire qui saura maximiser vos chances de convaincre le gouvernement. Vous retrouverez ici une foule de suggestions pratiques susceptibles de s'appliquer dans toute situation où vous avez à convaincre quelqu'un: un patron, des collègues, des étudiants, un auditoire, un fournisseur, un partenaire…

Nous traitons également de trois aspects particuliers du lobbying: l'influence du processus législatif et réglementaire, les commissions parlementaires et les demandes de subvention.

Puis, nous faisons un bref survol du lobbying auprès des instances fédérales.

Enfin, nous abordons la question du choix d'un lobbyiste et proposons quelques conseils pour que votre collaboration avec ce dernier soit fructueuse.

Puissent les pages qui suivent vous livrer quelques astuces qui vous permettront de poursuivre votre travail, et vous soutenir dans vos efforts pour assurer l'édification et l'évolution de notre société.

Chapitre premier
Principes de base du lobbying

DANS CE CHAPITRE, nous abordons différents aspects du lobbying. On aurait pu l'intituler «l'ABC du lobbying» puisque nous tentons d'abord de le définir et d'en cerner l'à-propos.

Ensuite, nous couvrons les principes de navigation dans le labyrinthe gouvernemental. Quelques consignes et règles de base sont proposées pour vous aider à minimiser les intempéries lors de vos périples sur le fleuve sinueux de l'administration publique.

1.1 LOBBY, LOBBYING, RELATIONS GOUVERNEMENTALES ET AUTRES CONSIDÉRATIONS SÉMANTIQUES

Les relations gouvernementales ne sont pas nées d'hier. Si bien qu'on en retrouve une foule de définitions et qu'entre les différentes terminologies aujourd'hui acceptées, on pourrait perdre son latin. Le caractère parfois honteux associé au lobbying a donné lieu à des désignations parapluie telles que *relations publiques, affaires gouvernementales, affaires publiques, communication stratégique.*

L'expression «relations gouvernementales» demeure la plus noble, même si de plus en plus, c'est le terme lobbying qu'on utilise pour désigner ces activités. Quant au mot «lobby», il désigne les groupes et les individus qui exercent le lobbying.

De tout temps, les termes lobbying et lobby ont suscité la suspicion et provoqué de nombreux frissons dans l'imaginaire collectif. Encore récemment, certains gestes malheureux commis par des lobbyistes et rapportés par certains médias ont perpétué cette répulsion dans l'opinion publique et dans certains débats de salon.

En remontant un peu dans l'histoire, on constate que l'origine des termes lobby et lobbying a peut-être contribué à alimenter cette conception à la fois farfelue et quasi mythique du lobbying. En fait, les racines du terme «lobby» sont anglo-américaines et réfèrent à des couloirs et des halls...

Le mot «lobby» aurait d'abord été utilisé pour désigner *une allée couverte dans un monastère.* Avouons qu'il y a là de quoi créer une légende et fournir du carburant aux fantaisies de l'esprit. On imagine fort bien le silence et le suspense qui régnaient dans les allées désertes, sombres et froides des monastères, allées arpentées à pas de chat par des personnages tout aussi mystiques qu'angoissants... Le terme lobby aurait été employé par la suite pour désigner *un couloir,* qui finit par se transformer en *un hall ouvert au public dans le lieu d'une assemblée législative.* Au fil du temps, «le mot a connu une sorte de glissement de sens métonymique et a fini par désigner non pas ce fameux couloir de l'Assemblée mais les personnes qui s'y trouvent. Dans son acceptation moderne, lobby renvoie aux personnes qui fréquentent assidûment les couloirs d'une Assemblée législative pour essayer d'influencer les membres de cette assemblée dans leurs fonctions officielles. Ce n'est qu'au XIXe siècle qu'on commence à parler de lobby en ce sens précis. Le mot a d'abord été affecté d'un coefficient assez négatif. Le lobby désignant alors toute une compagnie un peu interlope constituée de spéculateurs qui gravitent dans les sphères parlementaires et s'efforcent de spéculer sur les lois à leur avantage ou au bénéfice de leurs clients»[1].

Il fut donc un temps dans l'histoire où le lobbying était considéré comme une activité louche ou suspecte. Aujourd'hui il s'agit plutôt d'une activité complexe, qui comporte plusieurs dimensions et qui fait appel à des connaissances multiples et particulières. Voici un tour d'horizon des définitions modernes du lobbying.

---

1. Source : *www.ifrance.com.*

Une tentative de définition

Sans avoir la prétention de fournir une définition théorique «de la chose», nous avons opté pour une approche pragmatique, définissant plutôt le lobbying dans sa pratique sur le terrain. Dans cette perspective, on peut affirmer que l'expression «relations gouvernementales» (ou lobbying) désigne l'ensemble des actions et des stratégies mises en œuvre pour tenter d'influencer le pouvoir public dans ses décisions. Par le terme décision, nous entendons un changement législatif, l'obtention d'un avantage, l'adoption d'une politique, l'octroi d'une subvention, d'un contrat, d'une nomination ou d'un permis, etc. Les stratégies déployées pour parvenir à influencer les décideurs publics sont d'une nature toute aussi diversifiée. Elles débutent par la constitution d'un dossier et de l'argumentaire qui y est rattaché. Elles doivent permettre d'asseoir certains choix stratégiques concernant la démarche qui sera menée, les programmes qui seront ciblés, les interlocuteurs influents à rencontrer, les alliés à solliciter, les attitudes qui seront adoptées à l'égard des détracteurs, les moments les plus appropriés pour passer à l'action. Les stratégies déployées en relations gouvernementales prévoiront également la préparation aux multiples rencontres avec les interlocuteurs choisis, l'élaboration des messages-clés qui seront véhiculés, l'établissement d'un plan de communication ainsi que les recherches à effectuer pour étoffer le dossier.

Enfin, les relations gouvernementales ont pour prémisse la connaissance des structures et des programmes gouvernementaux, des acteurs influents et de l'actualité. Elles exigent aussi la maîtrise des stratégies de communication, des techniques de recherche et de rédaction, des relations publiques et de presse, tout comme un sens politique bien aiguisé. Nous sommes loin du vieil adage populaire qui veut qu'elles consistent surtout à courir les cocktails politiques pour y serrer des mains…

La définition du Grand Dictionnaire terminologique du Québec

[LOBBYING]
Définition : action menée par un groupe de pression auprès de décideurs ou de médias dans le but de défendre une cause ou des intérêts particuliers, ou d'influer sur l'opinion publique.
Quasi-synonyme : manœuvres de couloirs[2].

Mentionnons d'une part qu'il est limitatif de prétendre que le lobbying n'est exercé que par des groupes de pression, comme le suggère cette définition. Il peut être exercé aussi par des individus, des entreprises, des syndicats, des organismes charitables, etc. D'autre part, nous estimons que le fait d'associer le lobbying strictement à la défense d'intérêts particuliers comporte une connotation péjorative qui occulte toute la portée sociale qu'il peut avoir.

La législation

Depuis un certain nombre d'années, afin d'assurer la transparence et de préserver l'intégrité de l'appareil d'État, les législateurs (provinciaux et fédéraux) ont encadré le lobbying et ont, par le fait même, dû y rattacher une définition. Au-delà de la sémantique à laquelle nous pourrions consacrer un ouvrage complet, ce qui importe pour ceux et celles qui œuvrent dans le domaine des relations gouvernementales, c'est de bien connaître les limites imposées par les lois qui les régissent.

Depuis décembre 2002, la *Loi sur la transparence et l'éthique en matière de lobbyisme* est en vigueur au Québec. On y lit, à l'article 2, la définition suivante :

2. Source : *www.granddictionnaire.com.*

[DÉFINITION]

Activités de lobbyisme. 2.

Constituent des activités de lobbyisme au sens de la présente loi toutes les communications orales ou écrites avec un titulaire d'une charge publique en vue d'influencer ou pouvant raisonnablement être considérées, par la personne qui les initie, comme étant susceptibles d'influencer la prise de décisions relativement :

1° à l'élaboration, à la présentation, à la modification ou au rejet d'une proposition législative ou réglementaire, d'une résolution, d'une orientation, d'un programme ou d'un plan d'action ;

2° à l'attribution d'un permis, d'une licence, d'un certificat ou d'une autre autorisation ;

3° à l'attribution d'un contrat, autrement que dans le cadre d'un appel d'offres public, d'une subvention ou d'un autre avantage pécuniaire, ou à l'attribution d'une autre forme de prestation déterminée par règlement du gouvernement ;

4° à la nomination d'un administrateur public au sens de la *Loi sur le ministère du Conseil exécutif* (chapitre M-30), ou à celle d'un sous-ministre ou d'un autre titulaire d'un emploi visé à l'article 55 de la *Loi sur la fonction publique* (chapitre F-3.1.1) ou d'un emploi visé à l'article 57 de cette loi.

Activité de lobbyisme.

Le fait, pour un lobbyiste, de convenir pour un tiers, d'une entrevue avec le titulaire d'une charge publique est assimilé à une activité de lobbyisme. 2002, c. 23, a. 2[3].

Objectif de la loi

L'objectif de cette loi consiste principalement à « *rendre transparentes les activités de lobbyisme exercées au Québec auprès des titulaires de charges publiques et d'assurer le sain exercice de ces activités* ». Elle comporte une série d'obligations qui s'appliquent aux personnes et organismes visés à l'article 3 :

3. On peut consulter la *Loi sur la transparence et l'éthique en matière de lobbyisme* à l'adresse Internet suivante : *https://si2.lobby.gouv.qc.ca/internet/accueil.asp.*

[PERSONNES ET ORGANISATIONS VISÉES PAR LA LOI]

Lobbyistes. 3.

Sont considérés lobbyistes aux fins de la présente loi les lobbyistes-conseils, les lobbyistes d'entreprise et les lobbyistes d'organisation.

Interprétation: On entend par:

lobbyiste-conseil: toute personne, salariée ou non, dont l'occupation ou le mandat consiste en tout ou en partie à exercer des activités de lobbyisme pour le compte d'autrui moyennant contrepartie;

lobbyiste d'entreprise: toute personne dont l'emploi ou la fonction au sein d'une entreprise à but lucratif consiste, pour une partie importante, à exercer des activités de lobbyisme pour le compte de l'entreprise;

lobbyiste d'organisation : toute personne dont l'emploi ou la fonction consiste, pour une partie importante, à exercer des activités de lobbyisme pour le compte d'une association ou d'un autre groupement à but non lucratif. 2002, c. 23, a. 3[4].

La loi, vous et vos obligations

La *Loi sur le lobbying* comporte de multiples obligations en matière de déclaration des activités de lobbying. Aussi, à l'amorce de toute démarche de relations gouvernementales, il est fortement recommandé de consulter le site Internet du registre des lobbyistes.

Ou encore de contacter par téléphone le service à la clientèle du registre des lobbyistes dont vous trouverez les coordonnées sur le site Internet du registre.

Vous serez alors en mesure de déterminer si vous êtes tenus de respecter les obligations de la Loi et la marche à suivre pour vous y conformer.

Même si le personnel du service à la clientèle du registre des lobbyistes est très courtois et disponible, vous noterez rapidement que le système est exigeant, complexe, tatillon et bureaucratique, à l'instar de tout ce qui émane de l'appareil gouvernemental. Ne soyez pas surpris du nombre d'heures que vous passerez à tenter de vous inscrire, remplir et modifier vos déclarations. Restez patients, il s'agit après tout d'un

4. *Ibid.*

bon exercice pratique de lobbying pour vous-même. Dans le pire des cas, si votre exaspération est à son comble — histoire de vous économiser du temps et de ménager vos artères coronariennes —, retenez les services d'un lobbyiste pour vous accompagner dans le processus d'inscription de vos causes.

1.2 LE POURQUOI DES RELATIONS GOUVERNEMENTALES

Dans un environnement qui change, il n'y a pas de plus grand risque que de rester immobile.

Jacques Chirac

Avant d'aborder leur pratique, il est essentiel de comprendre pourquoi les relations gouvernementales sont nécessaires à l'évolution de notre société.

Suivant les traces des mégastructures des temps modernes et de «l'individualisme collectif», les organisations dans nos sociétés semblent se préoccuper davantage des problèmes vécus en leur sein que de ceux de l'univers dans lequel elles évoluent.

Aussi, l'être humain semble éprouver une répulsion instinctive à l'égard des changements qui bousculent ses habitudes. Les institutions gouvernementales n'échappent pas à ces petits caprices coutumiers. Heureusement, notre écosystème sociétal est bien équilibré. Les citoyens ont développé, à travers l'influence qu'ils exercent sur les décideurs, des moyens d'assurer l'émergence de services publics à l'écoute des besoins de la population. La quasi-totalité de tout ce que nous connaissons aujourd'hui émane des changements provoqués par les milliers de citoyens présents sur le terrain, de notre système de santé aux services communautaires, d'employabilité et de soutien aux entreprises, en passant par nos lois et nos institutions sociales, culturelles, économiques et législatives. En d'autres termes, les relations gouvernementales sont essentielles pour que nos services publics et nos lois répondent adéquatement aux besoins de la population et de la société dans laquelle nous évoluons.

Parfois, ces changements sont amorcés par un petit groupe d'experts ou de simples citoyens, grâce aux efforts de groupes de pression, de coalitions ou d'associations. En fait, chaque fois qu'un individu ou une organisation tente de faire changer une loi, un règlement, un programme, une politique, une structure ou une décision, les relations gouvernementales sont de la partie.

Il importe de préciser que lobbying n'équivaut pas au *patronage* ou à la *corruption*. On y retrouve malheureusement des exemples choquants, au même titre que dans toutes les autres sphères de la société. Mais, heureusement, ils sont marginaux. On ne peut pas être toujours d'accord avec les décisions d'un gouvernement. Mais nous pouvons affirmer qu'il existe dans notre société un équilibre entre les forces économiques et sociales, un souci d'équité et de justice. L'influence des lobbies de toutes tendances sur les décisions gouvernementales permet de maintenir cet équilibre.

Aussi, les relations gouvernementales sont devenues une nécessité structurelle. S'il fut une époque où elles s'exerçaient principalement auprès d'un cercle restreint de personnes qui bénéficiaient de relations «privilégiées» avec le pouvoir, l'évolution des sociétés modernes a contribué à l'élimination de ce genre de situation. Le Québec compte aujourd'hui une multitude de lois, de règlements, de codes d'éthique et de déontologie qui régissent les actions des politiciens, des administrateurs publics et des membres des corporations professionnelles. Cette évolution a permis l'édification d'une société plus juste, plus équitable et aussi plus exigeante en matières de relations avec l'État et en matière de reddition de comptes et d'éthique.

En d'autres termes, nous vivons dans une société où nous souhaitons collectivement que les services publics répondent aux besoins jugés essentiels de chaque individu. Cela a un pendant avec lequel il faut toutefois vivre. Une telle vision sociale entraîne dans son sillon une expansion des services publics au même rythme que celui de la reconnaissance de la diversité sociale. Conséquences: explosion et complexification des structures étatiques.

L'équation est simple: plus de services publics implique forcément plus de structures, plus de fonctionnaires et de mesures de contrôle rattachées à ces structures, sans oublier plus de programmes pour répondre à plus de besoins d'un plus grand nombre de personnes, et ainsi de suite.

Le niveau d'exigence de la population en matière de reddition de comptes et d'efficacité de la part des gouvernements s'est accru au même rythme. En fait, plus une société souhaite répondre aux besoins collectifs, plus l'État est important, plus il est complexe, plus il est difficile à atteindre, plus sa vitesse de réaction diminue et plus les relations gouvernementales doivent s'intensifier.

Dans un tel contexte sociétal et structurel, le lobbying est donc incontournable pour permettre un arrimage des produits et des actions de l'État avec les besoins de la base. Il permet d'équilibrer les forces entre les volontés citoyennes et politiques et la rigidité administrative.

Que serait notre société si les citoyens et les organisations ne disposaient pas du privilège de pouvoir faire changer les choses ? Qui souhaiterait vivre dans un monde où seuls l'État et ses employés décideraient de ce qui est bon pour les citoyens ? Qui donnerait carte blanche aux employés de l'État pour décider ce qui est bon pour les citoyens sans qu'il soit possible d'influencer les seules autorités qui sont responsables devant la population, les élus ? Enfin, à quoi sert une démocratie s'il est interdit de tenter d'y influencer les politiciens, les élus du peuple ?

1.3 NAVIGUER DANS LE LABYRINTHE GOUVERNEMENTAL

Comme l'écrivent Francine La Haye et Jennifer Robinson du cabinet de relations publiques National à propos des relations gouvernementales, «pour obtenir des solutions, il ne suffit pas de rendre visite à un membre du conseil des ministres et de lui demander une faveur, en toute amitié. En fait, une telle approche risque, au contraire, de ne donner aucun résultat et de laisser à l'ami politicien, une image plutôt négative»[5].

Si haut que l'on soit placé, on n'est jamais assis que sur son cul.

Montaigne

5. Francine La Haye et Jennifer Robinson, *National : 25 ans de pratique des relations publiques au Canada*, Montréal, Le Cabinet de relations publiques National, 2002, p. 180.

Ajoutons qu'une telle démarche est la pire des stratégies à déployer pour tenter d'obtenir gain de cause auprès du gouvernement. Pour maximiser vos chances de gagner, une grande partie de votre travail doit être consacré à la préparation de votre dossier et à vos représentations auprès des fonctionnaires d'un ministère; vos seuls efforts auprès des instances politiques ne vous garantiront pas le succès.

Afin de comprendre l'univers dans lequel vous aurez à évoluer, il importe de connaître la hiérarchie d'un ministère, préalable essentiel au bon cheminement de votre dossier.

Le politique

Le ministre

Au sommet de la pyramide d'un ministère, on retrouve bien entendu le ministre. Il représente l'instance décisionnelle ultime d'un ministère. C'est lui qui est responsable du ministère auquel vous vous adressez. Mais il faut savoir que, malgré tout, son pouvoir est limité en ce sens que, même s'il se montre ouvert à vos demandes, ses décisions sont liées à un ensemble de facteurs: la position de son gouvernement sur les questions en cause, la ligne du parti, l'avis des députés du caucus et de ses autres collègues ministres, les normes et balises des programmes du ministère, l'avis de ses fonctionnaires et de ses conseillers politiques, les directives administratives du ministère, la «température» de l'opinion publique, etc.

Françoise Giroud, célèbre et regrettée journaliste, relatait ainsi son expérience à titre de ministre en France: « J'avais fréquenté toutes sortes de ministres sans jamais rien soupçonner jusqu'au jour où le ministre, ce fut moi. D'abord, le ministre est schizophrène. Il a une face publique et une face cachée. Il n'y a pas de rapport entre la représentation que l'on a de lui, de ses pouvoirs, de sa liberté d'action, et la réalité des choses où, pour la moindre de ses initiatives, il doit se débattre contre l'Administration, contre le premier ministre, et, le cas échéant, contre le président de la

République — mais, dans ce cas-là, il est cuit[6].» Elle poursuit : «Le ministre a toute latitude d'imaginer si ça ne coûte rien. L'ennui est que rien ou presque ne coûte rien. Et que tout ou presque dérange des situations acquises, des idées reçues[7].»

Évidemment, l'appui d'un ministre dans un dossier est généralement essentiel, mais on comprend facilement que, dans le contexte avec lequel un ministre doit composer, un tel appui ne garantit pas automatiquement le succès. Loin de là.

Autre élément important: le ministre n'est pas éternel. Au cours d'un même mandat, un ministre peut être muté à plusieurs reprises, voire relégué au rang de simple député. Les jeux de chaises musicales des responsabilités ministérielles sont laissés à la discrétion des premiers ministres et sont assez fréquents. Il est donc très important de ne pas tout miser sur l'appui d'un ministre et de soigner vos relations avec les autres acteurs importants du ministère.

Le cabinet

Le ministre n'est pas seul: il est entouré d'une équipe de conseillers (les attachés politiques) dirigée par un directeur (ou chef) de cabinet. Ces personnes sont toutes nommées avec l'accord du ministre et elles forment ce que l'on appelle le «cabinet».

Le cabinet a pour fonction principale d'assurer la liaison avec le personnel du ministère, les contribuables, les organisations du domaine, les députés et le ministre. Il représente aussi un levier de distanciation du pouvoir politique par rapport à l'influence administrative. En d'autres termes, il sert de contre-poids politique au pouvoir administratif exercé par les fonctionnaires pour permettre au gouvernement (donc aux élus) de faire avancer ses idées et ses objectifs.

Dans une démocratie, ce rôle est essentiel. Alors que les ministres sont les élus du peuple et sont conséquemment imputables, les fonctionnaires, eux, ne le sont pas. Ils ne

---

6. Françoise Giroud, *Arthur ou le bonheur de vivre*, Paris, Fayard, 1997, p. 115.
7. *Ibid.*, p. 116.

sont pas imputables auprès de la population et leurs emplois sont protégés par des conventions collectives afin de les prémunir contre les perturbations liées aux changements de gouvernement. On comprend donc facilement l'importance cruciale qu'exercent généralement les cabinets politiques pour préserver une imputabilité et un équilibre dans les décisions gouvernementales.

Cela dit, en relations gouvernementales, l'efficacité de l'intervention d'un cabinet repose beaucoup sur votre capacité à lui fournir des clés pour convaincre les fonctionnaires du bien-fondé de votre demande et à lui prouver que celle-ci respecte les normes établies ou que les difficultés passagères sont probablement liées à une mauvaise communication avec l'administration.

Enfin, vous pouvez aussi ultimement recourir au personnel de cabinet pour arguer que votre demande n'a pas reçu un traitement équitable et obtenir une révision de la proposition rejetée.

Notons par ailleurs que l'attention que vous porte un cabinet est liée au degré de prestige de votre organisation et à votre pouvoir d'influencer l'opinion publique. L'écoute du cabinet est également tributaire des arguments politiques que vous saurez déployer pour le séduire. L'amalgame équilibré entre les raisons politiques motivant votre requête et la démonstration que celle-ci répond aux normes du ministère et au programme d'un parti politique, représente la *condition sine qua non* de l'aide que peut vous apporter le cabinet.

Le chef de cabinet

L'équipe d'attachés politiques est dirigée par le directeur ou le chef de cabinet. Il est le bras droit du ministre. C'est lui qui est responsable d'organiser le travail du personnel du ministre, d'assurer et de soigner les relations avec le ministère et l'équipe sous-ministérielle, d'entretenir les liens avec les partisans sur le terrain, les autres ministres et les députés du parti, en plus d'orchestrer les communications du ministre et sa visibilité, et de veiller au respect des règles d'éthique. Bref, le chef de cabinet est d'une importance capitale. Même si son travail s'exécute dans l'ombre du ministre, ses pouvoirs sont très étendus.

On interpellera le chef de cabinet en temps opportun et on usera de circonspection en ces occasions. Dans la majorité des cas, une organisation fera appel au chef de cabinet pour débattre de grandes orientations et permettre de «ficeler» administrativement un dossier. Généralement, le directeur de cabinet vous indiquera avec qui travailler dans son cabinet ainsi que dans le ministère pour faire cheminer votre dossier. Il vous désignera les personnes-clés qui vous aideront à étoffer votre dossier.

Hiérarchie oblige, le chef de cabinet sera l'interlocuteur direct du président (ou du directeur général) de votre organisation. Par ailleurs, à moins que votre organisation ne jouisse d'une notoriété enviable et affichée, la majorité des contacts avec le directeur de cabinet se feront par écrit. Vous pouvez bien sûr solliciter une rencontre afin de discuter de votre dossier et de faire le point. Compte tenu de l'importance de leur fonction, les directeurs de cabinet peuvent être difficilement joignables et il peut s'écouler un certain temps avant que vous puissiez entrer en contact avec eux. Ils demeurent néanmoins des interlocuteurs de premier choix.

Tout au long du cheminement de votre dossier, vous avez avantage à tenir le directeur de cabinet informé de ce qui se passe. Ceci permet de lui rafraîchir discrètement la mémoire tout en assurant un lien ponctuel avec lui.

Enfin, il est essentiel de doser, dans votre approche, les éléments auxquels les directeurs de cabinet seront sensibles et qui sont liés à l'ensemble de leurs responsabilités : liens avec les députés, visibilité du ministre, liens avec les acteurs importants sur le terrain, etc.

Les attachés politiques

En plus de conseiller le ministre sur différents contenus, les attachés politiques ont pour mandat tacite de le «protéger» et de le tenir informé des dossiers importants. Puisque la responsabilité des dossiers est partagée entre les attachés, il importe de connaître celui qui est responsable du dossier qui vous intéresse et d'entretenir avec lui des liens sur une base régulière afin qu'il soit informé de l'état d'avancement de votre dossier et de son cheminement dans l'appareil administratif. Vous pouvez trouver le nom de l'attaché responsable de votre domaine d'activité en vous renseignant directement auprès du cabinet du ministre.

Les attachés politiques sont également des acteurs avec lesquels vous allez travailler votre dossier avant de revenir au chef de cabinet. À l'instar de ce qui prévaut pour le ministre et le chef de cabinet, vos relations avec les attachés politiques s'inscrivent donc dans une démarche qui comporte plusieurs étapes. En d'autres termes, il ne suffit pas de s'attirer la sympathie d'un attaché politique pour obtenir une réponse favorable à sa requête.

Sur une base *ad hoc*, préliminaire ou en dehors du cadre d'une demande officielle, on contactera les attachés politiques pour tenter d'en savoir davantage sur les orientations ministérielles et tâter le terrain à propos de certains sujets. Ils peuvent être de bons baromètres pour mesurer la réceptivité potentielle du ministère à l'égard de vos requêtes.

Par ailleurs — note importante — au fil des ans, les gouvernements — et ceux formés par le Parti québécois plus particulièrement — ont considérablement réduit la masse salariale des cabinets. Si bien que le nombre d'attachés politiques est à son strict minimum à l'heure actuelle au Québec. Les conseillers politiques sont donc submergés de travail et ils doivent répondre à un nombre colossal de demandes, en plus de traiter quotidiennement les différents dossiers dont ils ont la responsabilité. Aussi faut-il savoir user avec parcimonie et finesse des contacts que l'on entretient avec eux.

Avec qui traiter : le chef de cabinet ou l'attaché politique ?

L'interlocuteur à privilégier demeure le directeur de cabinet. Mais il se peut que vous ne soyez pas en mesure d'obtenir son concours dans le cadre de votre dossier, ou qu'il soit mal avisé de le faire. C'est le cas, par exemple, de petites demandes de subventions pour des organisations de moindre envergure, si vous avez un contact privilégié avec un attaché en particulier, ou encore si vous en êtes à vos premiers balbutiements avec le politique.

Par ailleurs, à moins que vous ne jouissiez d'une notoriété importante, si vous appelez le bureau d'un ministre pour parler à «quelqu'un» de votre dossier ou encore si vous écrivez au ministre, vous aboutirez automatiquement au bureau de l'attaché politique concerné. Vous devrez donc d'abord traiter avec lui avant de pouvoir (ou devoir) vous adresser à son patron. Il faut noter que, dans un certain nombre de cas, vos démarches seront fructueuses avec l'attaché politique et n'auront donc pas à être portées jusqu'au chef de cabinet.

Vous agirez avec l'attaché politique de la même manière qu'avec le chef de cabinet. Tout au long du cheminement de votre dossier, vous avez avantage à tenir l'attaché politique informé de vos tractations avec l'administration. Cela permet de lui rafraîchir discrètement la mémoire tout en assurant un lien ponctuel avec lui. Sans compter que les attachés politiques pourraient vous être utiles en cas de problème ou de blocage dans la «machine» — terme qui désigne, dans le jargon, l'administration d'un ministère.

L'administration

Nous venons de voir la composition politique d'un cabinet ministériel. Regardons maintenant la composition administrative de la hiérarchie d'un ministère.

L'équipe sous-ministérielle

L'équipe sous-ministérielle est généralement composée d'un sous-ministre appelé «sous-ministre en titre» auquel sont rattachés des sous-ministres dits «adjoints» qui ont la responsabilité de certaines fonctions dans le ministère concerné.

L'équipe sous-ministérielle incarne l'autorité suprême des employés d'un ministère. Par analogie avec le monde du secteur privé, on peut dire que le sous-ministre en titre et ses adjoints sont les directeurs généraux du ministère, alors que le cabinet et le ministre représentent le conseil d'administration.

Les sous-ministres ont un rôle difficile. Ils servent en quelque sorte de tampon entre le cabinet qui dicte ses commandes «politiques» et la «machine» (les fonctionnaires) qui est chargée de veiller au respect des normes des programmes et des lignes directrices dans les ministères. L'équipe sous-ministérielle a donc un pouvoir d'influence très important dans le sens où elle peut à la fois influer sur le politique et sur les fonctionnaires. C'est sans doute pourquoi on les qualifie de «mandarins». Il est à noter que le personnel politique ne possède pas ce pouvoir tacite. Le cabinet tente de faire pencher la balance en faveur des orientations que désire prendre le ministre. Mais faire bifurquer la machine implique de convaincre des milliers de fonctionnaires d'avancer dans une direction et, compte tenu de la dichotomie qui prévaut entre les intérêts administratifs et politiques, relève d'un tour de force parfois titanesque. Imaginez ce que cela peut représenter sans l'appui sous-ministériel. Cela implique donc que les sous-ministres ont le pouvoir de faire passer des dossiers tout comme ils ont le pouvoir de les bloquer, même s'il s'agit d'une requête qui émane directement d'un ministre. D'ailleurs, on reconnaît souvent la qualité d'un cabinet à sa capacité de faire bouger l'équipe sous-ministérielle et le ministère dans une direction donnée, tout en respectant l'intégrité administrative.

Enfin, notez que l'importance de convaincre les sous-ministres et la haute direction d'un ministère du bien fondé de vos requêtes est proportionnelle aux efforts et à l'énergie que vous devrez déployer pour y arriver. Même si plusieurs d'entre eux sont des individus très compétents et des visionnaires, d'autres sont parfois des fonctionnaires de longue date, qui ont gravi les échelons au fil du temps et qui sont assez éloignés des réalités du monde extérieur et du terrain. Ils sont, par conséquent, plus préoccupés de conserver leur fonction et de gravir les échelons de la hiérarchie gouvernementale que de faire les changements qui s'imposent pour assurer un meilleur arrimage entre les besoins des citoyens et les orientations du ministère. Dans un tel contexte, ils seront sensibles à la cause que vous défendez si celle-ci leur permet en quelque sorte de se faire valoir auprès du ministre, en plus de préserver l'intégrité de la machine.

Néanmoins — hormis ces exceptions —, l'appui du sous-ministre concerné par votre dossier est aussi important que celui du cabinet. Il est donc conseillé de tenir ce sous-ministre informé du cheminement de votre dossier dans la «machine» et de vos entretiens avec le cabinet. Quelques moyens simples permettent d'entretenir ce lien informatif. Par exemple, si vous acheminez une correspondance au chef de cabinet, il peut être utile d'en envoyer une copie (non conforme) pour information, au sous-ministre avec lequel vous êtes en relation. On fera de même au fur et à mesure des négociations avec les autres fonctionnaires du ministère comme nous le verrons plus bas. En bref, l'équipe sous-ministérielle est là et on doit en tenir compte pour tout dossier d'importance.

Le reste du ministère

En-deçà de l'équipe sous-ministérielle, l'organigramme varie d'un ministère à l'autre. On peut sur les sites des ministères trouver de plus amples informations sur leur structure respective.

Généralement, on retrouvera dans un ministère de multiples directions — régionales, sectorielles, intersectorielles, de programmes, etc. — au-dessous desquelles, œuvrent des milliers d'employés de l'État: directeurs adjoints, conseillers, agents, etc.

Dans notre système, les fonctionnaires sont ceux à qui vous devez vendre votre cause en premier lieu et vos relations avec eux sont donc très importantes, voire cruciales. Ce sont en effet les fonctionnaires qui seront chargés, par vous-même, par le cabinet ou par le bureau du sous-ministre, d'examiner votre demande et de formuler les avis requis, en fonction des normes et balises établies dans le ministère. Les requêtes et les demandes qui font l'objet d'un avis négatif de la part des fonctionnaires n'ont pas une grande espérance de vie au fur et à mesure qu'elles gravissent les échelons ministériels. Nous l'avons mentionné précédemment : un cabinet ne peut pratiquement rien faire si un avis négatif du ministère lui parvient sur votre dossier, et ceci, en dépit de la sympathie que vous inspirez.

Avec un peu de chance, si au départ votre dossier est bien structuré et qu'il cadre bien dans les normes ou orientations du ministère, vos démarches débuteront et se termineront au niveau de l'administration. Vous n'aurez pas besoin d'aller plus haut. Le travail accompli avec l'ensemble des fonctionnaires responsables du domaine qui vous intéresse est donc fondamental pour gagner votre cause.

L'essentiel de votre démarche s'effectuera avec les fonctionnaires chargés d'examiner vos demandes à la base afin que le cabinet n'ait pas ensuite à user de stratagèmes contorsionnistes pour vous agréer. Il est en effet très difficile pour le cabinet de donner une suite favorable à une demande quand la recommandation de l'administration est négative. Un tel agissement exposerait le ministre à des attaques potentielles, puisque ce dernier rendrait une décision qui va à l'encontre de l'avis de ses fonctionnaires et, par conséquent, des normes établies dans son ministère.

Par ailleurs, le travail avec les fonctionnaires est important, car si les politiciens et le personnel de cabinet passent, les fonctionnaires eux restent... Une recommandation administrative positive vaut donc de l'or, ne serait-ce que parce qu'elle vous met à l'abri des intempéries provoquées par les changements ministériels.

Précisons qu'à l'instar de toutes les organisations de notre société, la fonction publique compte de très bons employés et des moins bons. Pour paraphraser Patricia Pitcher[8], on y retrouve des artistes, des artisans et des technocrates.

Dans la culture gouvernementale, la technocratie semble cependant prédominer, car le travail des fonctionnaires est balisé par un ensemble de normes, de programmes, de directives et une hiérarchie imperturbable qui limitent et rendent difficile toute possibilité de dérogation, voire toute apparence-de-soupçon-d'intention-potentielle-de-dérogation-éventuelle à ce cadre rigide. Par définition, le bureaucrate est une « personne qui accorde une importance excessive aux formalités, à la hiérarchie, à la routine »[9]. C'est

8. Patricia Pitcher, *Artistes, artisans et technocrates dans nos organisations. Rêves, réalités et illusions du leadership*, Montréal, Québec/Amérique, Presses HEC, 1994, 263 p.

9. Marie-Éva de Villers, *Multidictionnaire de la langue française*, Montréal, Québec/Amérique, 3e édition, 1997, p. 218.

dans ce carcan bureaucratique que la plupart des fonctionnaires travaillent quotidiennement. Une telle réalité permet de protéger les deniers publics et d'en assurer une répartition juste et équitable en fonction de critères objectifs. En revanche, cela laisse peu d'espace à l'innovation et à l'ouverture sur le monde extérieur. Les décisions et les analyses sont assujetties à une rigidité implacable qui mine, ou à tout le moins, entrave l'évolution des services financés par l'État. Aussi il est toujours très frustrant de se heurter à la lenteur administrative, même lorsque l'on a affaire à des personnes sympathiques. Cela fait partie de la réalité des relations gouvernementales, réalité que nous ne pouvons malheureusement contourner.

Vos discussions avec les fonctionnaires doivent donc être guidées principalement par les normes des programmes auxquels vous faites référence et par les lignes directrices ou les politiques du ministère concerné. N'oubliez pas que les employés de l'État, de leur côté, travailleront tout au long du processus, à tenter de débusquer les failles de votre dossier. Normal : ils sont les gardiens des deniers publics et, en conséquence, ils estiment que c'est leur job d'agir ainsi, même si certains ont le zèle trop facile !

Comme ils disent rarement oui ou non, rappelez-vous qu'ils ont toujours une porte de sortie par laquelle se débarrasser de votre dossier. C'est ainsi que, par exemple, il est toujours préférable de s'enquérir des priorités du ministère ou d'un programme, de rencontrer régulièrement les personnes concernées, de les informer, de poser des questions, et de ne jamais présumer que vous comprenez ou que vous serez compris. Si vous déposez un dossier que vous affichez comme final, vous risquez d'essuyer un refus prématuré. Les fonctionnaires n'apprécient guère d'être relégués au simple rôle d'exécutants.

Finalement, il importe aussi d'établir des liens avec l'administration à l'extérieur du cadre d'une demande précise. Tenir les fonctionnaires informés de ce qui se passe dans votre organisation, les inviter aux événements importants, leur acheminer votre rapport annuel, etc., sont autant de moyens d'entretenir des liens qui vous seront utiles dans le futur. C'est dans ce cadre d'échanges perpétuels — et balisés — que doivent se bâtir des relations gagnantes avec les employés d'un ministère. Un bon programme de lobbying s'appuiera donc sur des relations solides et de confiance avec les personnes-clés dans les ministères.

1.4 TROIS CONSIGNES POUR UNE NAVIGATION RÉUSSIE

De ce qui précède, nous pouvons extraire quelques consignes à respecter pour assurer un cheminement réussi à vos dossiers, quelle que soit la nature de votre demande : changement législatif ou réglementaire, politique gouvernementale, subvention, etc.

1re CONSIGNE

ÉVITER D'ALLER DIRECTEMENT AU SOMMET AVANT QUE LE DOSSIER NE SOIT « ATTACHÉ ADMINISTRATIVEMENT » — À MOINS D'ÊTRE INTERPELLÉ DIRECTEMENT PAR UN MINISTRE OU SON CABINET.

En d'autres termes, si vous sautez les étapes fondamentales pour que votre dossier reçoive un avis favorable de l'administration, vous risquez fort de vous heurter à plusieurs difficultés. Évitez d'aller directement au ministre ; en cas de refus, il ne vous resterait que le premier ministre pour tenter de sauver votre cause.

Si vous approchez le cabinet au début de vos démarches, faites-le dans l'optique de vous faire désigner quelqu'un dans le ministère (une personne responsable) avec qui vous pourrez travailler pour faire cheminer votre demande, par opposition à une approche où vous demanderiez d'emblée au cabinet de vous donner une réponse. En d'autres termes, informez le cabinet (attaché politique, chef de cabinet) de vos demandes et demandez lui de vous référer une personne dans le ministère avec laquelle vous pourrez travailler dans le sens souhaité.

Le recours au ministre doit généralement avoir lieu aux derniers stades de vos démarches, une fois celles avec le cabinet et le ministère épuisées. Il faut d'abord gravir les échelons de l'administration et répondre à toutes ses exigences. Ensuite, on peut recourir à l'attaché politique, puis au chef de cabinet. Si avec le chef de cabinet vos efforts restent vains, alors vous pouvez avoir recours directement au ministre. Mais, dans un tel cas, vos chances de réussir sont minces…

Dans la même logique, vous éviterez d'interpeller trop rapidement le cabinet du premier ministre, si vous sentez qu'un ministre ou son cabinet ne sont pas suffisamment réceptifs à votre demande. Frapper à la porte du premier ministre trop rapidement représente un «outrage au tribunal» qui risque fort de miner vos relations futures avec le ministre, en plus d'épuiser vos chances d'en appeler auprès d'une instance supérieure. Si vous avez traversé tous les dédales administratifs et épuisé tous vos recours auprès du ministre et de son cabinet sans obtenir de succès, alors vous pouvez interpeller le cabinet du premier ministre.

2e CONSIGNE

NE PAS OUBLIER QUE, DANS LE CHEMINEMENT D'UN DOSSIER, C'EST LE CHEF DE CABINET QUI DEMEURE LE MAÎTRE D'ŒUVRE.

Nous avons traité de l'importance stratégique du chef de cabinet. Vous travaillerez avec ce dernier avant d'aller frapper à la porte du ministre pour ficeler les dernières cordes de votre dossier. Comme le souligne Ghislain Dufour dans son ouvrage sur les trente ans du CPQ: «Je profite de l'occasion pour souligner l'importance des chefs de cabinet, des hommes et femmes politiques dans la vie d'un organisme comme le CPQ. Ils sont de véritables interlocuteurs avec qui la plupart des dossiers doivent d'abord être débattus[10].» Évidemment, on interpellera le chef de cabinet pour les dossiers d'envergure ou encore en cas d'achoppement dans le processus. Il se peut qu'en cours de route, par exemple, vous deviez faire face à certaines difficultés: machine trop tatillonne, difficultés de compréhension, etc. En pareils cas, revenez au chef de cabinet. Il vous aiguillera vers une autorité dans le ministère, avec laquelle vous serez

---

10. Ghislain Dufour, *Ghislain Dufour témoigne des 30 ans du CPQ*, Montréal, Éditions Transcontinental, 2000, p. 406.

en mesure de poursuivre les discussions et de remettre votre dossier sur les rails de la réussite.

3e CONSIGNE

TOUJOURS DISTINGUER LE POLITIQUE DE L'ADMINISTRATIF.

Disons-le clairement et simplement : le politique, c'est le politique et l'administratif, c'est l'administratif ! Ce qui préoccupe l'administratif, c'est que votre dossier corresponde aux normes, aux politiques et aux orientations en vigueur dans le ministère. Il n'est donc pas nécessaire de faire valoir les appuis politiques dont vous bénéficiez pour convaincre les fonctionnaires de vous agréer. Pas plus que de faire savoir au cabinet que la machine vous appuie. Vous mettriez les fonctionnaires profondément mal à l'aise si vous rapportiez au cabinet que monsieur ou madame X du ministère vous a dit que votre projet est bon. Le résultat d'une telle démarche : insulte suprême pour le cabinet et possibilité d'avoir à dire adieu à vos relations de confiance avec les fonctionnaires concernés.

Par ailleurs, même si votre dossier chemine dans l'appareil et qu'il bénéficie d'une recommandation positive des fonctionnaires, c'est le ministre qui décide de la réponse à donner. En d'autres termes, rarement un fonctionnaire vous dira un oui (ou un non) ferme, même si sa recommandation auprès du ministre va dans ce sens. C'est finalement le ministre qui décide et c'est lui seul qui se réserve le privilège de confirmer un oui. Cela peut vous sembler contradictoire avec ce que nous avons énoncé précédemment au sujet de l'importance de l'appui de la machine. Mais rassurez-vous : il n'en est rien, car le principe est le suivant : si la machine dit non, le ministre aura de la difficulté à justifier un oui à votre demande. Le cabinet devra déployer des arguments, trouver des failles dans l'analyse qui a été faite de votre dossier, tenter de trouver une solution auprès d'autres collègues ministres, etc. Tout cela rend les choses difficiles pour un ministre et son cabinet, peu importe le niveau de sympathie qui vous unit. Par contre, si la machine dit oui, le ministre aura plus de facilité à dire oui, mais il se réservera toujours le privilège du moment opportun pour ce faire ou encore celui de donner la priorité à d'autres projets plus «payants politiquement» ou jugés plus urgents.

Schéma 1 : Ligne hiérarchique type d'un ministère

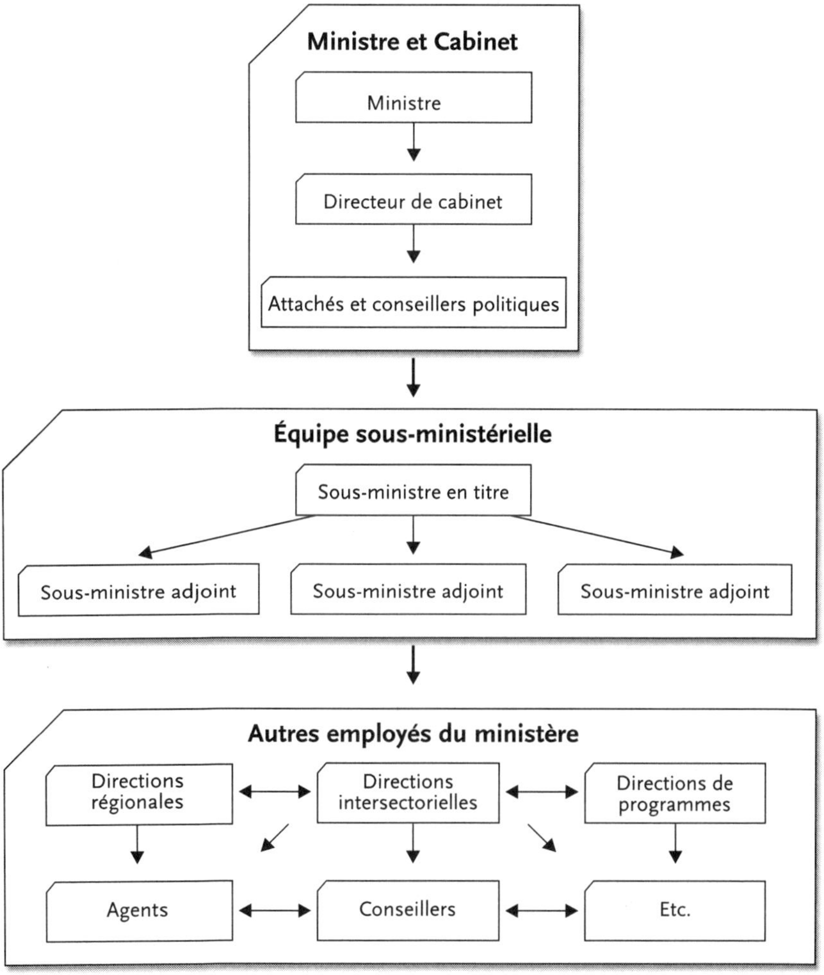

1.5 Les relations gouvernementales : cinq principes de base

Nous avons fait le tour, dans les pages précédentes, de la hiérarchie d'un ministère et du rôle de chacun des paliers. Mais un bon programme de relations gouvernementales doit aussi respecter certains principes de base.

Avant d'aborder ce qui devra constituer le corps du dossier que vous présenterez, soit votre argumentaire, voici donc quelques principes incontournables pour maximiser vos chances de réussite.

Principe n° 1

La patience est une vertu qui s'acquiert principalement en exerçant des relations gouvernementales !

C'est avoir tort que d'avoir raison trop tôt.

Marguerite Yourcenar

Dans toute démarche de relations gouvernementales, la patience est une vertu indispensable. Un spécialiste des relations publiques déclarait au cours d'une conférence donnée en 2002, que les grands changements proposés dans les « rapports » du gouvernement prennent en moyenne 26 ans à se réaliser, soit à peu près une génération.

Heureusement cela n'est pas le cas de la plupart des dossiers que vous aurez à mener. Mais il n'en demeure pas moins que la patience est incontournable dans toute démarche entreprise avec le gouvernement. Citons, à titre d'exemple, les démarches préalables à l'adoption de la *Loi visant à lutter contre la pauvreté et l'exclusion sociale* en décembre 2002. Avant de voir le jour, cette loi a nécessité le travail acharné de beaucoup d'organisations pendant le longues années. Le Collectif pour l'adoption d'une loi sur l'élimination de la pauvreté a dû notamment recueillir la signature de 215 000 citoyens et l'appui de 1 400 organisations avant de toucher au but !

Le processus décisionnel du système public est lourd et complexe, et l'État ne fonctionne pas à la même vitesse que le secteur privé. Cela est imputable en partie à la lourdeur hiérarchique de même qu'à la multitude de paliers de vérification auxquelles sont soumises les décisions dans un ministère. En plus des étapes normales à franchir dans le ministère, le temps de traitement d'une demande, si minime soit-elle, est souvent tributaire de facteurs externes. En effet, le temps d'analyse d'un dossier est dépendant, par exemple, des impacts pressentis de votre projet sur les responsabilités d'autres ministères. Dans un tel cas, des avis seront sollicités auprès de fonctionnaires des autres ministères concernés — qui, soit dit en passant, fonctionnent à la même vitesse que le ministère qui sollicite l'avis... Même scénario concernant les impacts que votre demande pourrait avoir sur les acteurs importants et influents dans votre domaine, à ses conséquences sur l'opinion publique, à ses impacts budgétaires et politiques, etc. Tout cela explique pourquoi une simple demande de subvention de 10 000 $ peut dans certains cas prendre un an avant d'être gratifiée d'une réponse.

Un des exemples permettant d'illustrer ces propos est celui de l'Ordre des conseillers en ressources humaines et en relations industrielles agréés du Québec. En 1999, l'Ordre souhaitait voir réserver à ses membres le titre de *conseiller en ressources humaines agréé.* Depuis vingt-cinq ans, les membres de l'Ordre disposaient du titre de conseiller en relations industrielles, mais celui-ci s'avérait de moins en moins d'actualité et l'Ordre souhaitait corriger cette situation. La démarche ne semblait pas compliquée : il suffisait d'ajouter deux ou trois phrases dans un ou deux articles du *Code des professions* pour répondre à la demande de l'Ordre.

Techniquement, c'était tout à fait faisable et d'une simplicité évidente. Or, malgré tous les efforts déployés et les expertises en place, ce dossier a demandé cinq longues années de travail et d'efforts à l'Ordre pour aboutir. La démarche a nécessité des discussions et des rencontres avec près d'une cinquantaine de personnes issues d'organisations aussi diversifiées que l'Ordre des psychologues, celui des conseillers en orientation, le ministère de l'Éducation, les organisations patronales et syndicales, ou les fonctionnaires de l'Office des professions.

Enfin, dans toute démarche impliquant une décision gouvernementale, même si elle apparaît à première vue d'une simplicité décoiffante, il est impératif de s'armer de patience tant l'appareil d'État bouge avec la rapidité de l'escargot.

PRINCIPE N° 2

CINQ INCONTOURNABLES OU LA « LOI DE KINGDON »[11].

Comme l'exprimaient des spécialistes des relations gouvernementales de la firme Hill & Knowlton, Ducharme, Perron dans un séminaire de formation, au gouvernement une loi, une politique, une orientation, un rapport, etc., ne peuvent émerger sans respecter les cinq principes suivants :

- « une faisabilité technique
- une acceptation par la communauté des spécialistes concernés
- des coûts tolérables
- une adhésion majoritaire du public
- une chance d'être retenue et défendue par les élus »[12].

Point de salut sans la présence de ces éléments dans toute cause que vous défendrez ! Par exemple, en plus de respecter les normes du programme auquel vous vous adressez, une demande de subvention devra démontrer que le projet que vous soumettez est faisable, qu'il est basé sur une expertise solide, que le budget qui y est rattaché est raisonnable, qu'il permettra de répondre à un besoin pressant et qu'il s'inscrit dans la foulée des volontés du gouvernement d'agir en la matière.

Un bon exemple évoqué dans les journaux en 2002 est celui du projet de relocalisation des Grands Ballets Canadiens de Montréal. Les Grands Ballets avaient comme projet d'établir leurs quartiers généraux dans l'édifice de l'ancienne bibliothèque centrale de Montréal, édifice magnifique situé

---

11. L'expression est de Jean-Claude Deschênes et François Ducharme, *Les Relations gouvernementales*, séminaire de formation donné par Hill & Knowlton, Ducharme, Perron, le 19 mars 2002, p. 7.

12. *Ibid.*

sur la rue Sherbrooke et laissé vacant après le déménagement de ladite bibliothèque à la Grande Bibliothèque du Québec. Ce projet, dont la faisabilité technique avait été démontrée et qui bénéficiait de l'appui des instances municipales ainsi que de hautes autorités politiques, était justifié. En effet, les informations rapportées dans les journaux à ce sujet étaient éloquentes et nous pouvions fort bien envisager qu'une troupe de ballet puisse être logée dans un si bel édifice, face au parc Lafontaine, dans un lieu ouvert au public. Par ailleurs, les Grands Ballets étaient à ce moment-là encore logés dans un ancien garage rue Saint-Denis, et cela posait plusieurs problèmes, tant en termes d'image que d'espace, pour assurer un environnement convenable aux besoins des professionnels de la troupe et aux exigences de la discipline. Mais, à notre avis, à la lumière des informations rapportées dans les journaux, il y avait deux écueils majeurs. Le premier était que le projet totalisait plus de quinze millions de dollars, ce qui représente une somme importante pour plaire à une seule organisation, aussi prestigieuse et méritante soit-elle. Le second, c'est que le projet ne semblait pas faire l'unanimité auprès de certaines instances administratives et politiques.

Le projet a été refusé par le ministère de la Culture, qui sans nier la nécessité d'offrir des espaces plus adéquats aux Grands Ballets, considérait toutefois que l'adaptation de l'ancienne bibliothèque aux besoins de la (seule) troupe serait trop coûteuse. Une telle décision n'est pas surprenante dans la mesure où, même si les besoins et la faisabilité d'un projet sont démontrés, l'analyse qu'ont à faire les gouvernements dans l'allocation des enveloppes s'effectue sur une base horizontale, en opposant les projets les uns aux autres dans la réalité des limites budgétaires. Plus précisément : comment justifier un investissement de quinze millions en infrastructure pour une seule institution en regard des autres projets — dont les besoins et la faisabilité sont tout aussi bien démontrés — lorsque les budgets sont limités ? Il y a fort à parier que, si les Grands Ballets avaient opté pour une stratégie avec des montants en jeu moins importants ou permettant de répondre aux besoins d'un plus grand nombre d'organisations, tout en recueillant un meilleur appui administratif, ils auraient sans doute eu plus de chance.

Les mêmes principes s'appliquent à une demande formulée en commission parlementaire à propos d'une loi : est-ce que l'amendement que vous proposez facilitera les choses sur le terrain ? Qu'en disent les spécialistes ? Quels en sont les impacts ? Les coûts ? Quelle est l'opinion des autres acteurs concernés ?

On peut présager que, si vous vous présentez en commission parlementaire en demandant au gouvernement d'amender la moitié des articles de la *Loi sur les normes du travail*, vous risquez très probablement d'encaisser une bonne déconfiture.

PRINCIPE N° 3

« SI TU TENDS TROP LA CORDE, ELLE CASSE ! SI TU NE LA TENDS PAS ASSEZ, ELLE NE SONNE PAS[13] ! »

Il est capital d'équilibrer vos interventions et de respecter les étapes nécessaires à l'étude de votre dossier. Cependant, même si la patience est de rigueur, il ne s'agit pas non plus de tomber dans le syndrome du mouton facile à tondre. Il faut juste bien doser le niveau de patience et vos interventions auprès du cabinet pour secouer un peu les puces de la machine si celle-ci affiche une lenteur proche de l'inertie, inhabituelle ou hostile.

Il faut savoir que les fonctionnaires détestent les « commandes » qui viennent des cabinets. Le seul fait que votre demande leur arrive par le haut les indispose souvent instantanément. À quoi il faut ajouter la multiplicité des paliers que doivent franchir les demandes émanant des cabinets avant d'atterrir sur le bureau des fonctionnaires chargés de les examiner. Souvent, les demandes n'ont plus du tout le même sens lorsqu'elles parviennent enfin à la bonne personne.

---

13. Bouddha et son précepte du juste milieu, citation rapportée par Jean-Claude Deschênes et François Ducharme. *Les Relations gouvernementales*, séminaire de formation donné par Hill & Knowlton, Ducharme, Perron, le 19 mars 2002, p. 7.

Cette aversion pour les commandes politiques est exacerbée par le fait que le personnel de cabinet est souvent très jeune (début vingtaine), ce qui n'est pas le cas du personnel haut placé de la fonction publique — qui est en majorité de la génération des baby-boomers. Cette différence crée donc des frictions intergénérationnelles dans les relations entre les cabinets et les fonctionnaires. Il faut avouer que, généralement et peu importe le milieu, les personnes d'expérience n'apprécient guère que les plus jeunes leur dictent ce qu'elles ont à faire… Il importe donc que vous fassiez cheminer votre dossier à partir de la base de la pyramide gouvernementale, tout en gardant un œil sur le sommet et en ne bousculant pas les étapes. Toutefois, en cas de blocage, il est préférable d'utiliser le poids du cabinet, mais dans une optique de collaboration avec le ministère. Les approches de type «bulldozer» risquent de vous conduire à un mur à l'épreuve de tout, y compris des volontés ministérielles.

Enfin, toujours sur la question de l'équilibre, rappelons que les «systèmes» ont une tendance naturelle à l'inertie. Les changements occasionnés par les précédents que risquent de créer certains dossiers ne sont donc pas appréciés. Aussi, même si votre projet est révolutionnaire, sans en nier le contenu novateur, n'insistez pas trop sur les grands bouleversements que son actualisation pourrait provoquer, cela pourrait vous nuire plus qu'autre chose.

PRINCIPE N° 4

UN PROGRAMME DE RELATIONS GOUVERNEMENTALES, C'EST UN ÉTERNEL RECOMMENCEMENT.

L'administration est un lieu où les gens qui arrivent en retard croisent dans l'escalier ceux qui partent en avance.

Georges Courteline

Non seulement en relations gouvernementales faut-il s'armer de patience, mais il est tout aussi impératif d'accepter qu'il s'agit d'un exercice de répétition constante et continue. La complexité de la structure administrative est telle que, dans beaucoup de cas, vous aurez l'impression que la main gauche ne sait pas ce que fait la main droite. Ainsi, il se peut fort bien que vous ayez à reprendre votre laïus à la case départ, avec chacun de vos multiples interlocuteurs, à maintes reprises.

Prenons l'exemple du Dr Réjean Thomas, bien connu pour son expertise du VIH et des MTS avec sa clinique l'Actuel, qui dans un article du *Devoir* déclarait à la journaliste : « (...) je recevais une fonctionnaire de la Régie régionale de la santé qui, pour la 22e fois en 2002 (!), venait évaluer les besoins psychosociaux des patients atteints du sida. Et pour la 22e fois, je la recevais bénévolement un vendredi matin (...) »[14].

Vous avez l'impression de répéter et de devoir tout reprendre du début ? Ne vous en faites pas. Ce n'est pas le symptôme d'un problème, au contraire, c'est tout à fait normal et vous cheminez.

Il est donc très important que vous informiez vous-même l'ensemble des personnes impliquées dans votre dossier au fur et à mesure de l'avancement de ce dernier. Ne prenez pas pour acquis, si vous avez acheminé un document ou une réponse au ministère, que ces pièces parviendront automatiquement aux autres fonctionnaires impliqués dans votre dossier.

En outre, ne prenez pas de chance inutile. Vu la quantité de papier qui circule et qui peut donc se perdre dans un ministère, demandez toujours que l'on vous confirme la réception de vos documents. Cela vaut également pour vos correspondances avec le cabinet. Si vous acheminez une réponse à des questions que soulevait le cabinet sur un de vos projets, transmettez-en une copie pour information[15] à la personne responsable de votre dossier au ministère.

Finalement, à l'instar de l'ensemble des organisations de notre société, le personnel politique et administratif bouge fréquemment dans les ministères. Il y a quelques années, un de nos clients a dû traiter avec quatre directeurs différents qui se sont succédés à la tête d'un seul programme, au cours

14. *Le Devoir*, 10 février 2003.

15. Il est à noter que les copies de correspondance avec le cabinet, qui sont envoyées pour information au ministère, ne sont pas nécessairement des copies conformes formelles. Il n'est pas toujours de mise de transmettre une copie conforme à un niveau hiérarchique inférieur lorsque l'on s'adresse à un cabinet.

d'une même année. Avec chaque nouveau directeur, nous avons repris l'historique du dossier depuis le début, afin d'assurer une bonne compréhension de ses enjeux et de ses objectifs, pour aboutir, à la fin de l'année, à un changement ministériel dû à un remaniement... Nous avons finalement réussi à mener à bien le projet au terme de quelque quatorze mois de reprise inlassable du même discours.

PRINCIPE N°5

LES PAROLES S'ENVOLENT, LES ÉCRITS RESTENT.

Ce vieil adage demeure toujours d'actualité et il est particulièrement capital en relations gouvernementales. Il est fortement recommandé de toujours confirmer par écrit le résultat des conversations avec les différentes instances dans un ministère. Sans tomber dans les excès protocolaires en vous lançant dans des envolées épistolaires interminables, un petit courrier électronique ou un mot adressé à votre interlocuteur indiquant votre compréhension de la conversation que vous venez d'avoir permet d'éviter les malentendus et vous protège contre les «on ne s'est pas bien compris» éventuels. Vous pouvez utiliser des formules du style: «*Tel que convenu, nous vous ferons parvenir les documents suivants:* [...], *dès la semaine prochaine afin d'assurer que notre demande sera traitée dans les délais requis*» ou encore «*Nous vous remercions de l'attention que vous portez à notre dossier et nous donnerons les suites appropriées dans les meilleurs délais. Par ailleurs, nous comprenons que notre demande sera prise en compte dans le cadre des travaux de la présente session parlementaire, etc.…*».

Si votre interlocuteur ne réfute pas votre interprétation, alors comme le veut l'expression populaire, qui ne dit mot consent! Pour bien illustrer l'importance d'insister sur les écrits, voici un exemple tiré d'une de nos expériences avec un client. Ce client souhaitait obtenir un financement pour un projet qui lui tenait à cœur depuis plusieurs années. Au début des années 2000, des budgets spéciaux avaient été votés par le gouvernement pour le genre d'initiatives que notre client souhaitait financer. Condition essentielle cependant : les projets financés devaient se réaliser dans l'année budgétaire en cours. Or, dans les semaines qui ont suivi, malgré le fait que notre client avait déposé un projet bien étoffé, plusieurs informations complémentaires lui étaient demandées par le ministère pour compléter son dossier. Ces informations, nous le savions, allaient prendre des mois, voire peut-être une année entière, avant d'être complétées à la satisfaction du ministère, ce qui excluait donc *de facto* le projet de notre client desdits fonds spéciaux. Or, peu de temps après, dans la foulée du cheminement du projet, plusieurs échanges téléphoniques devaient avoir lieu, au cours d'une même semaine, avec l'attaché politique responsable du dossier. Afin de fournir à notre client une arme supplémentaire dans ses négociations et devant l'évidence que son projet serait retardé — avec la conséquence de reporter son financement à une autre année financière —, nous lui avons conseillé d'inclure un petit paragraphe dans ses correspondances avec l'attaché politique concerné. Ce paragraphe se lisait à peu près comme suit : « *Voici l'information demandée. Nous comprenons cependant que ceci n'aura pas pour objet de soustraire notre demande aux fonds spéciaux, ni de retarder le financement de notre projet dans le cadre du budget de la présente année financière du gouvernement.* » Cette phrase a été ajoutée pendant deux semaines consécutives aux nombreux courriels — portant souvent sur des sujets sans rapport direct avec elle — qui ont été acheminés à l'attaché politique concerné. Bien nous en prit car, malgré son apparence farfelue, ce petit radotage calculé servit quelques mois plus tard au cours d'une rencontre en présence du chef de cabinet et de l'attaché politique en question. Comment le cabinet pouvait-il reporter le projet au prochain budget alors qu'il avait été convenu du contraire et que cela avait été confirmé par écrit à maintes reprises ? Inutile de dire que ledit attaché politique venait de comprendre — à retardement — le pourquoi du rabâchage dont il avait fait l'objet.

Chapitre 2

Constituer un bon dossier et convaincre le gouvernement

SE FAMILIARISER AVEC LA STRUCTURE d'un ministère et connaître les principes de base du lobbying ne suffisent pas pour obtenir ce que vous désirez du gouvernement. Même si vous maîtrisez parfaitement les techniques du lobbying et que vous êtes muni d'un plan de match imbattable, encore faut-il que votre dossier soit bien monté et qu'il soit convaincant.

En fait, gagner la cause que vous défendez en commission parlementaire ou obtenir ce que vous voulez du gouvernement est directement lié à votre capacité de persuader vos interlocuteurs. Or, persuader le gouvernement n'est pas aussi facile qu'on pourrait le croire.

> *Quand vous cherchez à prouver quelque chose, n'épuisez pas vos arguments mais vos adversaires.*
>
> **Jacques Lamarche**

Dans ce chapitre, nous avons recensé quelques « incontournables » pour vous permettre de maximiser vos chances de persuader vos interlocuteurs gouvernementaux. Sans une argumentation forgée spécifiquement dans cette optique, vos efforts risquent de n'être qu'un coup d'épée dans l'eau.

La persuasion au sens large, qui se pratique par le discours et par l'écrit, est historiquement appelée rhétorique et n'est pas née d'hier. Le bref exposé qui suit vous permettra de constater que, de tout temps, les hommes ont tenté d'influencer et que la rhétorique s'est raffinée au fil des siècles.

2.1 La rhétorique d'hier à aujourd'hui

La rhétorique serait née en Sicile vers 465 avant J.-C. Selon la légende, un dénommé Hérion, tyran de Syracuse, avait poussé la cruauté jusqu'à interdire à ses sujets l'usage de la parole. Un dénommé Corax — disciple du philosophe Empédocle — aurait alors entrepris, pour défendre le peuple, de publier un recueil de préceptes pratiques à l'usage des sujets désireux de récupérer les terres qui leur avaient été subtilisées. C'est ainsi qu'aurait émergé cet art oratoire qu'est la rhétorique. Plus tard, entre 384 et 322 av. J.-C., Aristote contribuera à compléter et à perfectionner la rhétorique dans son ouvrage éponyme, ce qui conduira au fil des siècles à cet art de convaincre que nous utilisons abondamment aujourd'hui dans plusieurs sphères de notre société.

La rhétorique s'est modernisée au fil des siècles grâce à la contribution de philosophes et théoriciens du droit tels que Chaïm Perelman[1]. Dans ses travaux sur la rhétorique moderne du XXe siècle, Perelman a démontré que l'argumentation ne repose pas strictement sur la logique formelle. L'homme a donc compris depuis fort longtemps que, pour maximiser ses chances de gagner une cause, il ne suffit pas d'étayer un raisonnement guidé par une logique implacable et comportant des arguments purement statistiques ou scientifiques. Il est nettement préférable de maîtriser quelques stratégies argumentatives qui sauront convaincre votre audience.

De nos jours, même si le terme n'est plus dans l'usage courant, la rhétorique fait partie intégrante de notre démocratie. Avocats, juges, politiciens, groupes communautaires, porte-parole, enfants, parents, étudiants, professeurs, journalistes, etc., pratiquent quotidiennement cet art pour tenter

---

1. Les principaux ouvrages de Perelman sont *Le Traité de l'argumentation* (1958), *L'Empire rhétorique* (1977), la *Logique juridique* (1976), *Éthique et droit* (1990) et *Rhétoriques* (1989). Voir aussi à ce sujet les sites suivants :
   - *www.lcc.gatech.edu/gallery/rhetoric/figures/perelman.html* ;
   - *www.lcc.gatech.edu/gallery/rhetoric/isues/newrhetoric* ;
   - *http://bradley.bradley.edu/ell/perelfft.html* ;
   - *www.espace-ethique.org/dossiers_them/philosophie/philo02.html* ;
   - *www.willamette.edu/cla/rhetoric/courses/arguemntation/perelman.htm* et
   - *www.hatt.nom.fr/rhetoric/art10c.htm.*

de persuader leurs vis-à-vis du bien-fondé de leur opinion ou de leur action.

La rhétorique a pour fonction de persuader. Mais qu'est-ce que cela signifie au juste ? Persuader, c'est en fait donner à l'autre de bonnes raisons d'adhérer à notre opinion. Persuader consiste à obtenir le consentement de l'interlocuteur, à bouleverser, voire à inverser ses certitudes en le convaincant — avec l'esprit — et en le séduisant — avec le cœur.

Cicéron décomposait la rhétorique en trois principes :

- *delectare* : plaire, soit le côté agréable, séducteur, le sens politique de notre argumentaire ;
- *movere* : émouvoir, soit le côté par lequel notre argumentaire va bouleverser les certitudes de notre interlocuteur ;
- *docere* : instruire, expliquer, soit le côté argumentatif de notre discours ou de notre écrit.

Ce chapitre a donc pour but de rafraîchir votre connaissance de cet art de la persuasion. Nous le commencerons par les techniques du *delectare* et du *movere* (plaire et émouvoir) pour le compléter par celles du *docere* (instruire).

2.2 *DELECTARE* (PLAIRE) ET *MOVERE* (ÉMOUVOIR) OU LES SEPT ASTUCES INCONTOURNABLES D'UNE ARGUMENTATION GAGNANTE

Comme le disait Blaise Pascal dans ses lettres sur l'art de persuader :

> « ... quoi que ce soit qu'on veuille persuader, il faut avoir égard à la personne à qui on en veut, dont il faut connaître l'esprit et le cœur, quels principes il accorde, quelles choses il aime ; et ensuite remarquer, dans la chose dont il s'agit, quels rapports elle a avec les principes avoués, ou avec les objets délicieux par les charmes qu'on lui donne. De sorte que l'art de persuader consiste autant en celui d'agréer qu'en celui de convaincre, tant les hommes se gouvernent plus par caprice que par raison[2] ! »

2. Blaise Pascal, *De l'art de persuader*, Paris, Éditions Mille et une nuits, 2001, p. 12.

Nous pouvons déduire de là quelques « incontournables » pour forger un argumentaire convaincant et qui saura séduire votre vis-à-vis gouvernemental.

ASTUCE N° 1

CONNAÎTRE LES PENSÉES DE SES INTERLOCUTEURS.

Pour persuader, il faut d'abord comprendre les personnes ou l'organisation à qui vous vous adressez et saisir leur mode d'expression et de raisonnement. Il ne suffit donc pas de savoir s'exprimer ou d'instruire. Il faut décrypter le discours de l'autre et le comprendre.

On a toujours tort d'essayer d'avoir raison devant des gens qui ont toutes les bonnes raisons de croire qu'ils n'ont pas tort.

Raymond Devos

En termes bien concrets, cela veut dire qu'avant de plaire, il faut connaître son interlocuteur : ses objectifs, ses valeurs, ce qu'il pense, comment il fonctionne, etc.

Les décisions gouvernementales s'inscrivent dans un processus particulier. De nos jours, les partis politiques « gouvernent par revue de presse » davantage que par logique. C'est-à-dire que la majorité de leurs actions sont guidées par un ensemble de facteurs externes : l'opinion publique, les groupes de pression, les tendances observées ailleurs, les éditoriaux, les sondages, etc. En outre, chaque gouvernement se crée son propre agenda lorsqu'il prend le pouvoir. Cet agenda est édifié à partir des volontés de la base des partis (par exemple, les décisions des conseils généraux ou nationaux), des promesses de la plate-forme électorale, du momentum qu'il souhaite créer sur la place publique, etc. C'est d'ailleurs tout cela qui explique les nombreux changements de cap et les attitudes des gouvernements — que la raison ne saurait pas toujours expliquer elle-même.

Ainsi, il est primordial de vous tenir bien informé de ce qui préoccupe les gouvernements au pouvoir.

Les préoccupations du gouvernement

On peut retrouver des informations sur ce qui préoccupe le gouvernement en de multiples endroits : les déclarations et les discours des députés ou des ministres, les communiqués de presse, les programmes des partis, les coupures de presse, les études des ministères, les politiques gouvernementales, etc. Ces informations sont assez faciles à trouver principalement dans :

- les sites Internet des ministères, où il y a toujours des rubriques intitulées *discours*, *communiqués*, *politiques*, etc. ;
- les sites Internet des partis politiques ;
- le *Courrier parlementaire,* bulletin électronique quotidien d'information sur l'activité parlementaire. Ce bulletin donne toute l'information sur l'état des projets de lois, les décisions gouvernementales, l'analyse des principaux dossiers en cours, etc. (vous pouvez obtenir de plus amples renseignements sur les abonnements en consultant le site Internet suivant : *www.courrierparlementaire.com*). Cette organisation publie également à chaque année *Le Guide du pouvoir* qui contient une foule de renseignements utiles sur les décideurs politiques et gouvernementaux et ceux qui gravitent autour d'eux (comme les grands lobbies, les ordres professionnels, les organismes gouvernementaux, le pouvoir municipal, judiciaire et plus encore) : il s'agit d'un outil complet et intéressant ;
- le *Journal des débats* disponible dans le site Internet de l'Assemblée nationale (*www.assnat.qc.ca*) : on peut y consulter quotidiennement les retranscriptions de la période de questions et des débats en commissions parlementaires. Ces sources d'information sont indispensables pour rester à la fine pointe de l'actualité et en apprendre sur le discours des dirigeants.

On notera également l'importance de *monitorer* l'actualité, c'est-à-dire de suivre de près l'actualité sur les sujets qui vous concernent. Cette responsabilité est généralement confiée à la personne en charge des communications dans les organisations (relationniste, recherchiste, directeur des communications, etc.) ou encore, à des consultants ou des firmes externes, spécialisés en relations publiques, en communications ou en relations de presse. Ce travail est essentiel pour parfaire votre connaissance des opinions et des préoccupations des gouvernements, en plus de vous renseigner sur les positions des autres acteurs dans votre domaine.

Pour suivre le rythme de l'actualité, outre les quotidiens et les bulletins de nouvelles qui sont les outils traditionnels, il existe plusieurs autres sources de renseignements fort utiles et qui permettent d'obtenir des informations plus précises et plus détaillées.

- Les fils de presse tels que CNW (dans Internet) qui publient quotidiennement les communiqués envoyés aux médias par les organisations et les gouvernements.
- Si le temps vous manque ou si vous désirez ne rien laisser échapper, plusieurs agences de coupures de presse sont spécialisées dans le *monitoring* de l'information ; on les nomme communément « agences de clipping » ; en vous y abonnant, vous pouvez recevoir une revue de presse quotidienne ou hebdomadaire sur des sujets que vous avez choisis, ou encore des comptes rendus d'information sur les bulletins de nouvelles des médias audiovisuels (radio et télé). Le *Qui fait quoi* (publication annuelle disponible en kiosque) et le *Guide des communications d'Infopresse* (dans Internet) sont de bonnes sources pour dénicher ces entreprises ; notons que les plus connues de ces agences sont Verbatim et Médianor.

Les sites Internet des organisations qui gravitent autour de vous sont aussi intéressants. Vous y retrouverez généralement tous les communiqués, dossiers, positions et opinions des organisations, ce qui vous permettra de vous tenir à jour sur l'actualité et les préoccupations dans votre domaine.

Les préoccupations des fonctionnaires

C'est une chose que de connaître le gouvernement ou le politique mais c'en est une autre de bien cerner ce qui préoccupe la machine administrative. Cette dernière produit chaque année des tonnes de documents où l'on peut cerner ce qui anime les fonctionnaires. Les meilleurs outils pour obtenir cette information demeurent les sites Internet des ministères qui contiennent les rapports produits, les études, les lignes directrices des programmes, les énoncés de politiques, les résultats de travaux menés dans les ministères, les priorités stratégiques, les rapports annuels, etc.

ASTUCE N° 2

SÉDUIRE POUR MIEUX CONVAINCRE.

☞ *Une fois vos recherches complétées, la qualité de votre argumentaire reposera sur votre capacité d'établir des liens entre ce que vous demandez au gouvernement et ce qui le préoccupe, lui. C'est ici qu'entrera en jeu votre capacité de séduction, ce que Pascal exprime lorsqu'il affirme « que* l'art de persuader *consiste autant en celui* d'agréer *qu'en celui de convaincre,* tant les hommes se gouvernent plus par caprice que par raison *!* »

Pour convaincre et séduire, un bon dossier comprendra donc des éléments faisant le lien entre votre position, vos objectifs ou ce que vous voulez obtenir et les opinions, les politiques, les préoccupations, les objectifs et les valeurs de votre vis-à-vis.

Plusieurs moyens s'offrent à vous pour ce faire :

- utilisez des citations tirées de discours ou de déclarations dans les médias de membres du gouvernement (ministres, premier ministre, députés, etc.) pour illustrer vos propos ou pour démontrer comment votre idée rejoint l'opinion du gouvernement ; voici un exemple : *Comme le mentionnait le ministre dans son allocution du 30 juin dernier, « citation du ministre ». C'est pourquoi nous proposons de « votre proposition » ;*

- démontrez la cohérence entre ce qui est proposé et les décisions antérieures du gouvernement ou ses autres politiques ou ses valeurs ; voici un exemple : *Lorsque le gouvernement actuel a adopté sa politique sur la formation continue, nous avons salué cette initiative. Or, ce que nous vous proposons aujourd'hui s'inscrit en parfaite continuité avec les objectifs de ce gouvernement à l'égard de la qualification de la main-d'œuvre ;*
- utilisez les décisions antérieures des gouvernements (actuel ou passés) et faites des liens (positifs ou négatifs) avec le sujet en cause ; voici un exemple : *Pourtant, ce même débat avait eu lieu à l'époque du gouvernement péquiste. L'opposition libérale l'avait alors vertement critiqué d'ailleurs. Les péquistes ont agi quand même et on sait que le Québec avait alors perdu 30 000 emplois. Nous sommes heureux que le ministre n'envisage pas de répéter une telle erreur et nous proposons pour nous en assurer de « votre proposition » ;*
- reprenez les termes employés dans les documents produits par les ministères pour illustrer vos idées. Démontrez en quoi ce que vous demandez s'inscrit dans les priorités du ministère concerné et respecte les balises des programmes auxquels vous vous adressez ;
- les fonctionnaires, comme les politiciens, sont friands d'expériences internationales ; n'hésitez donc pas à saupoudrer vos dossiers d'exemples auxquels votre demande réfère.

Débusquer et utiliser les préoccupations d'un gouvernement

En *monitorant* l'information, vous pourrez découvrir ce qui préoccupe et anime les politiciens en place, en plus de vous tenir à jour. Par exemple, on peut constater que les principaux centres d'intérêt du gouvernement péquiste ont traditionnellement été la souveraineté, la langue, l'emploi, la croissance économique, la solidarité, l'équité, le modèle québécois, la nation québécoise. Ceux que le gouvernement libéral a mis de l'avant à la suite de son élection en 2003 sont, pour leur part, le changement, la santé, la révision de l'État et de ses missions, la réingénierie, le partenariat avec le privé, le «faire plus avec moins», l'efficacité à moindre coût. Démontrez en quoi ce que vous proposez contribuera à l'amélioration de ces éléments ou, à l'inverse, en quoi le fait de ne pas apporter les corrections que vous désirez porterait préjudice à ces éléments.

Les valeurs d'un gouvernement sont aussi de bonnes bases sur lesquelles appuyer une technique de séduction. Le plus souvent, elles sont fondées sur l'intérêt public, le bien-être collectif, l'équité, le rayonnement et le développement de notre société. Il faut donc être en mesure de démontrer en quoi ce que vous proposez permettra de contribuer à l'essor du Québec, de notre société, du bien-être collectif ou de l'économie.

Comme nous l'avons mentionné plus haut, les comparaisons avec ce qui se fait dans les autres provinces et ailleurs dans le monde sont très prisées. La tendance des dirigeants à vouloir faire du Québec ou du Canada le meilleur dans tous les domaines se retrouve fréquemment dans les médias. On se souviendra du fameux «Le Canada est le plus meilleur pays au monde» de Jean Chrétien. N'hésitez donc pas à utiliser de telles comparaisons dans vos argumentaires, tout en faisant attention à votre façon de le dire…

Par ailleurs, précisons que, dans le cas particulier d'une demande concernant un projet de loi, un règlement ou une politique, les préoccupations de votre interlocuteur se situent à deux niveaux. D'une part, un ministre doit contribuer à faire avancer son ministère en proposant de nouvelles politiques et des lois, ou en modernisant celles qui existent déjà. Il cherchera des arguments favorables à l'opportunité de légiférer et d'établir des politiques ministérielles ou gouvernementales. Ainsi, son premier niveau de préoccupation sera lié directement à l'opportunité d'agir sur le sujet dont il est question. Si vous demandez, par exemple, un amendement à un projet de loi sur les normes du travail, il importe d'inclure dans votre opinion des arguments qui portent spécifiquement sur ce sujet.

D'autre part, un ministre doit également vendre un projet à ses collègues ministres et s'assurer qu'il respecte la «ligne» du parti. Un bon argumentaire inclura donc des arguments d'un niveau plus global et plus général, ayant trait aux préoccupations du gouvernement dont fait partie le ministre, et qui lui permettront de «vendre» à ses collègues les amendements, les politiques ou les propositions que vous apportez. Votre argumentaire comportera donc des éléments touchant aux objectifs, aux politiques et aux valeurs non seulement du ministre concerné, mais aussi du gouvernement dont il fait partie.

Pour bien illustrer ce qui précède, rappelons le cas de l'Ordre des conseillers en ressources humaines et en relations industrielles agréés du Québec (ORHRI). Comme nous l'avons vu, en 1999, l'Ordre souhaitait voir réserver à ses membres le titre de *conseiller en ressources humaines agréé*. L'Ordre avait fait plusieurs tentatives pour obtenir cet amendement au *Code des professions*, mais en vain. Après plusieurs années d'effort, sa demande restait lettre morte.

C'est alors que le dossier a été analysé sous un autre angle. Nous avons constaté que le principal argument évoqué au cours des tentatives précédentes était le suivant : le gouvernement devait procéder à ce changement législatif parce que, tant dans les programmes universitaires que sur le terrain, la fonction *ressources humaines* intégrait dorénavant la fonction *relations industrielles*. Il s'agissait là d'une raison sans doute valable, mais qui n'avait pas convaincu (ou touché) les politiciens. Nous avons donc travaillé à transformer l'argumentation pour plaire à notre interlocuteur. Cette stratégie nous a conduits à formuler des arguments sur une foule de sujets — parfois en apparence sans rapport direct avec la cause plaidée, — allant de la protection des renseignements personnels (sujet «chaud» à cette époque) à la protection du public, en passant par la langue française, l'adoption de diverses lois telles que la *Loi favorisant le développement de la formation de la main-d'œuvre*, l'évolution du marché du travail et plusieurs autres. Pour mieux illustrer ces propos, voici quelques extraits de cette présentation.

> ***Protection des renseignements personnels*** >> «Dans une société démocratique telle que la nôtre où, par exemple, la protection des renseignements personnels est une valeur fondamentale, il est primordial que, dans un contexte de travail, les professionnels qui ont accès à des renseignements personnels soient régis par les normes les plus strictes. Pour permettre aux professionnels de conserver cette qualité et au public de les reconnaître, l'ajout du titre réservé de conseiller en ressources humaines agréé est aujourd'hui devenu une nécessité incontournable.
>
> ***Évolution législative et du marché du travail*** >> En effet, le titre de conseiller en relations industrielles a été adopté en 1973, soit il y a plus de 25 ans. (...) Le rôle des conseillers en relations industrielles a aussi évolué au rythme de la législation du marché du travail. Alors qu'il y a quelques années des lois telle que la *Loi sur les normes du travail* régissaient les relations entre employeurs et employés, des lois d'une toute autre nature sont récemment apparues. Mentionnons la *Loi sur l'équité salariale*, la *Loi favorisant le développement et la formation de la main-d'œuvre* et, encore plus récemment, la *Loi interdisant les disparités de traitement*. Ceci a provoqué des changements importants dans le domaine des relations de travail. En fait, au chapitre des changements législatifs, on peut affirmer que les professionnels des relations industrielles et de la gestion des ressources humaines ont été les plus touchés. (...) Les nouvelles législations étendent donc l'exercice de la profession. Les actes posés par les conseillers en relations industrielles ne sont plus circonscrits simplement à la gestion des relations de travail. Les conseillers en relations industrielles sont maintenant appelés à occuper des fonctions reliées à la gestion des ressources humaines, soit la gestion du travailleur, de son développement professionnel et de sa relation avec son environnement. Il s'avère d'autant plus important que ces actes soient posés par des personnes qualifiées pour le faire dont la compétence est garantie par un

ordre professionnel reconnu et aussi reconnu par le public. Encore faut-il cependant être à même d'identifier un tel ordre, car ce qui fait la force d'un ordre à titre réservé, c'est la clarté de son titre.

Langue française >> Depuis 1990, les professionnels ontariens qui œuvrent dans la gestion des ressources humaines ont accès au titre de Certified Human Resources Professional. Cette situation est la même aux États-Unis et elle est la même dans d'autres provinces canadiennes tels le Manitoba et l'Alberta. Le titre de conseiller en ressources humaines agréé est couramment utilisé dans sa version anglaise pour désigner les professionnels visés. Malheureusement, le Québec n'est pas en mesure, à l'heure actuelle, de proposer l'équivalent français du titre utilisé en anglais dans les autres provinces[3]. »

ASTUCE N°3

PARLER LE MÊME LANGAGE QUE LE GOUVERNEMENT.

☞ *Autre stratagème de séduction important: le langage. Les informations tirées de votre connaissance du gouvernement vous permettront de comprendre et d'utiliser le langage qui lui est familier, histoire de vous assurer que vous êtes sur la même longueur d'onde...*

> *Pourquoi les mots, cette précision brutale qui maltraite nos complications ?*
>
> **Simone de Beauvoir**

Mentionnons d'emblée que les politiques, programmes, énoncés et autres informations gouvernementales sont rédigés par l'appareil administratif. Or, les fonctionnaires assignés à ces tâches sont souvent loin du terrain et sont passés maîtres dans l'art de complexifier le moindre paragraphe, phrase ou mot qu'ils écrivent[4]. Cette façon de faire, l'utilisation d'une langue et d'un jargon qu'eux seuls sont à même de déchiffrer, se retrouve donc dans la documentation gouvernementale et les politiciens, qui

3. Assemblée nationale du Québec, *Journal des débats,* Commission des institutions, cahier n° 122, 14 juin 2000.

4. À titre d'exemple, il est arrivé récemment à l'auteure de voir dans un document gouvernemental le terme « réfugié public ». Au cours d'une réunion avec des fonctionnaires d'un ministère, nous leur avons demandé qui était visé par ce terme, donc qui est un réfugié public. Aucun des fonctionnaires présents n'a été capable de répondre...

subissent une immersion complète au sein de leurs ministères, l'utilisent aussi. C'est d'ailleurs ce qu'on leur reproche souvent lorsqu'on dit qu'ils discourent dans la «langue de bois». Cette expression qualifie en fait le langage des fonctionnaires ou des bureaucrates. En matière d'immigration par exemple, alors qu'on parlait il y a quelques années *d'intégration culturelle des personnes immigrantes*, on utilise aujourd'hui des expressions telles que *favoriser la participation citoyenne des Québécois issus de l'immigration*. Cet exemple vous indique l'importance d'ajuster votre discours à celui de votre interlocuteur pour vous assurer de bien vous faire comprendre.

Il faut savoir également que ces petites manies langagières suivent la plupart du temps une mode passagère. Il faut donc constamment s'y adapter. Ne vous laissez pas dépasser et demeurez vigilants. Le «bénéficiaire» d'aujourd'hui pourrait bien devenir un «client du réseau de la santé» demain!

Cela dit, vous comprendrez que les politiciens raffolent des illustrations concrètes pour mieux cerner les grandes théories élaborées par leurs fonctionnaires. Cela leur permet de «traduire» ce qu'ils entendent et de l'utiliser dans leurs allocutions publiques... N'hésitez donc pas à ponctuer vos présentations d'exemples ou d'illustrations de ce type.

ASTUCE N° 4

USER DU REGISTRE DES SENTIMENTS.

☞ ***Séduire sous-entend aussi la capacité d'user du registre des sentiments. Comme le disait Aristote: «La persuasion est produite par la disposition des auditeurs quand le discours les amène à éprouver une passion[5].»***

Faire appel aux sentiments est propice à l'établissement des relations et favorise l'écoute. Aussi, parsemer votre argumentaire de quelques « *Nous ne pouvons pas croire* », « *Nous sommes inquiets* », « *Nous ne pouvons imaginer* », « *Il serait dangereux* »... peut vous aider dans votre exercice de persuasion.

---

5. Aristote, *Rhétorique*, Paris, Gallimard, 1991, p. 23.

De la même façon, si vos arguments reposent en partie sur des considérations «humaines» plutôt que strictement économiques, vous améliorerez vos chances de toucher votre auditeur. Par exemple, si vous tentez de démontrer les impacts négatifs d'un projet du gouvernement sur les entreprises, il sera préférable de les chiffrer en terme d'emplois perdus plutôt qu'en termes de profits perdus. *Idem* si vous représentez des professionnels de la santé et désirez expliquer que telle mesure aura des répercussions néfastes sur le travail de vos membres. Il est préférable d'exposer les impacts sur les malades que d'aborder le sujet sous l'angle de l'organisation du travail pour vos membres.

Pour illustrer comment le registre des sentiments peut être utilisé, citons l'exemple de l'allocution prononcée par Françoise David lors des auditions sur les projet de loi 143, *Loi modifiant la Loi sur les normes du travail et d'autres dispositions législatives*. L'organisme représenté par madame David était en désaccord avec une proposition du législateur octroyant aux travailleurs le droit de refuser de faire du temps supplémentaire après 12 heures(ou 14 heures selon certaines modalités) de travail par jour. Elle souhaitait plutôt que ce droit de refus puisse s'exercer après une heure de plus que l'horaire habituel de travail. Voici comment elle a dirigé le débat sur le terrain des sentiments:

> «Deuxième point sur la conciliation famille-travail-vie personnelle, le droit de refus de faire du temps supplémentaire (...). En fait, après 12 heures par jour, la question ne devrait même plus se poser. (...) Ce que nous voulons, c'est qu'un travailleur ou une travailleuse puisse refuser d'en faire après une heure de plus que son horaire habituel comme c'est le cas, selon les données du ministère, en Ontario et au Manitoba. Ce que ça veut dire, en fait, c'est: On peut faire du temps supplémentaire — beaucoup de salariés, et particulièrement les bas salariés, en font et veulent en faire — mais on doit pouvoir refuser parce qu'on suit un cours ou parce que nos enfants ont besoin de nous. On doit pouvoir refuser aussi parce qu'on est fatigué, qu'on est stressé, que notre santé en souffre[6].»

---

6. Assemblée nationale du Québec, *Journal des débats*, Commission permanente de l'économie et du travail, cahier n° 64, décembre 2002, p. 20-28.

Enfin, à l'instar du commun des mortels, les politiciens sont sensibles aux rêves que peuvent susciter certaines visions d'avenir. Aussi, n'hésitez pas à exprimer vos visions d'avenir dans vos interventions.

ASTUCE N°5

ADAPTER LE MESSAGE À L'AUDITOIRE.

☞ ***En relations gouvernementales, votre interlocuteur n'est pas unique. Les influences qui conduisent le gouvernement à adopter telle ou telle loi ou à prendre une décision émanent du gouvernement lui-même, de l'appareil d'État, de l'opposition et du public. C'est pourquoi le message que vous voulez faire passer doit être adapté à l'auditoire auquel vous vous adressez.***

Les hommes sont toujours sincères. Ils changent de sincérité, voilà tout.

Tristan Bernard

La théorie en communication définit ainsi le processus de communication dans l'argumentation :

Émetteur (orateur) => message (opinion) => récepteur (auditoire).

Or, ce processus est conditionné par un contexte de réception qui est propre à chaque «récepteur». En d'autres termes, il est tributaire de l'ensemble des opinions, valeurs, jugements que partage un auditoire et qui vont jouer un rôle dans la réception de l'argument, entraînant son acceptation, son refus ou son adhésion variable.

Dans toute tentative de convaincre, l'orateur, l'opinion et l'auditoire ne sont en fait qu'un ensemble d'intermédiaires dans le processus de transport de l'argument. Il faut en tenir compte, car c'est le contexte de réception — ou votre auditoire — qui déterminera la façon dont vous devez transmettre votre message.

Autrement dit, pour convaincre, il faut présenter les mêmes opinions, mais les formuler de façons différentes selon le public auquel vous avez affaire.

Pour y arriver, il faut choisir, dans votre opinion ou votre position, les arguments essentiels qui la rendront acceptable pour un public donné. Comme le mentionne Philippe Breton, un spécialiste de l'argumentation, « l'argument devient ainsi majoritairement le produit de la connaissance que l'on a de l'auditoire, à quoi se mêle l'opinion que l'on veut soutenir : il s'agit d'anticiper la réaction de l'auditoire pour trouver le bon argument »[7].

En relations gouvernementales, cet auditoire possède une personnalité multiple et chacune de ses personnalités exerce une influence sur l'autre. Le contexte de réception du message est donc conditionné par l'interaction et l'influence qui existent entre, notamment, les acteurs suivants :

Schéma 2 : Les interactions entre les auditoires dans les relations gouvernementales

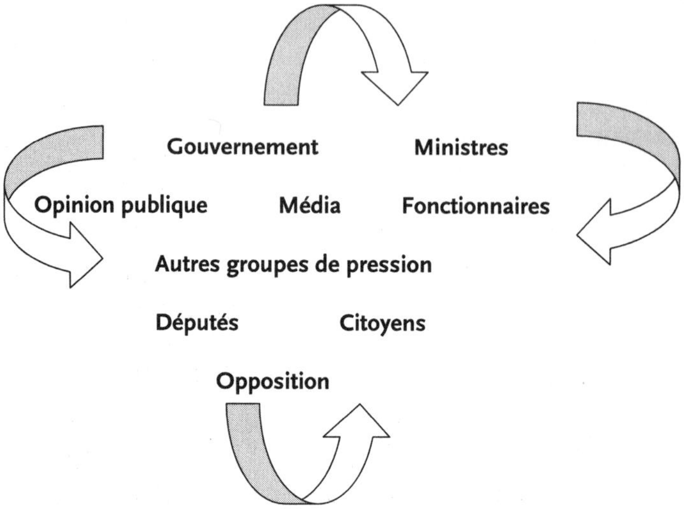

Ainsi, selon l'interlocuteur auquel vous vous adressez, vous ajusterez la façon dont vous présentez votre message. Par exemple, si vous vous adressez aux fonctionnaires, montez un dossier pour eux, ne reprenez pas le texte de la lettre d'introduction envoyée au cabinet du ministre mais

7. Philippe Breton, extrait d'un texte présenté à la journée d'études du 26 mai 1998, *Usages et réception des médias*, CNRS Strasbourg. *www.hatt.nom.fr/rhetorique/art10c.htm.*

composez plutôt un texte nouveau adapté aux sensibilités des fonctionnaires. *Idem* si vous vous adressez à l'opposition: il est fort probable que vous essuierez un refus si vous adoptez le même discours que celui utilisé pour convaincre le parti au pouvoir. D'où l'importance de faire ressortir les éléments pertinents qui séduiront individuellement chacun de vos vis-à-vis.

Par ailleurs, comme le montre le schéma 2, il faut savoir également anticiper l'interaction entre les différents auditoires. En effet, puisque les décisions gouvernementales sont conditionnées par les retombées qu'une décision aura, il importe de garder à l'esprit que la réaction du gouvernement est influencée par son anticipation des réactions des autres éléments du casse-tête: l'opinion publique, les experts du domaine, l'opposition, etc.

ASTUCE N° 6

NE PAS SOUS-ESTIMER SES OPPOSANTS.

☞ ***Un discours, une demande, une position ou un mémoire ne sont jamais isolés. Votre position s'opposera à celle d'autres organisations qui tenteront elles aussi d'obtenir gain de cause. Vous devrez donc non seulement marquer clairement vos objectifs et votre opinion, mais aussi inclure dans votre argumentaire des éléments permettant de contrer les arguments de vos détracteurs.***

Le gouvernement et les politiciens détestent la critique et la polémique. L'affaire du député Lebel du Bloc québécois critiquant l'entente du gouvernement du Québec avec les Innus en 2002 est un exemple qui montre bien à quel point les partis politiques tiennent à naviguer sur un long fleuve tranquille. Et c'est d'autant plus vrai lorsqu'ils sont au pouvoir.

En clair, les gouvernements sont fortement influencés par les revues de presse. Ils ont une sensibilité aiguë aux médias et sont principalement sensibles à l'opinion publique. Il est donc important de tenter de l'influencer ou de démontrer que l'opinion publique est derrière vous.

Néanmoins, pour laisser sa marque en politique, l'idée n'est pas d'échapper aux débats sur la place publique. Les politiciens recherchent la visibilité; ils s'exposent donc forcément à des critiques et à des polémiques. Au sein d'un gouvernement, on jugera de leur habileté non pas seulement parce qu'ils sont encensés dans les médias, mais aussi par leur habileté à se sortir de situations difficiles et par leur vitesse de réaction.

Face à vos opposants et à l'influence de l'opinion publique, vous devez donc fournir à votre interlocuteur (gouvernemental), des arguments lui procurant des réponses en cas de réaction.

Pour étayer ces arguments, on pourra utiliser plusieurs outils :

- effectuer des sondages ;
- faire signer des avis ou des études par des experts reconnus ;
- former des alliances stratégiques avec d'autres organisations plus représentatives de la population (par exemple, l'Association des pneumologues avec l'Association des asthmatiques) ;
- former des coalitions.

En utilisant ces outils, vous renforcerez la crédibilité de votre position, tout en vous donnant une longueur d'avance sur vos détracteurs. De plus, ils vous permettront de faire ressortir l'intérêt pour le gouvernement de faire ce que vous voulez et les désavantages pour lui de ne pas le faire. Sans compter que, considérant la sensibilité du politicien à l'opinion publique, vous lui fournirez en même temps de bonnes répliques qu'il pourra utiliser en cas de critique.

ASTUCE N°7

OCCUPER LA PLACE PUBLIQUE.

☞ *Tout ce qui précède n'est pas d'une grande utilité si vous n'êtes pas présent sur la place publique. Pour être écouté, il est fort souhaitable d'être reconnu comme un acteur incontournable dans le domaine. Il est indispensable d'occuper la place publique en tout temps, sans attendre une situation particulière.*

Occuper la place publique, c'est participer à tous les débats qui concernent votre sphère d'activité, émettre une opinion sur les dossiers qui vous concernent, vous faire connaître auprès des hautes autorités administratives et du personnel politique. Bref, c'est avoir un plan de relations publiques bien établi et le mettre en œuvre sans relâche. C'est aussi savoir utiliser et gérer vos relations avec les médias : quels médias approcher ? à quel moment ? pourquoi ? Voilà quelques exemples de questions stratégiques à évaluer dans vos relations de presse. Des spécialistes des affaires publiques et des lobbyistes-conseils peuvent vous aider à élaborer de telles stratégies et vous accompagner dans vos démarches.

Notons toutefois que le rôle public d'une organisation demande un travail constant et qu'il n'est nul besoin de représenter des dizaines de milliers de personnes pour devenir incontournable. Nous n'avons qu'à penser à Françoise David, ex-présidente de la Fédération des femmes du Québec, qui a occupé le terrain pendant des années. Mais qui d'entre nous peut dire qui sont les membres de la *Fédération des femmes du Québec* ? Il y a fort à parier que bien peu de femmes dans votre entourage immédiat se sentent directement concernées par les représentations de la Fédération ou en soient membres. Pourtant tout le monde (ou presque) connaît madame David et elle a occupé — fort habilement — de pleines pages dans les médias pendant des années.

Ce genre de crédibilité se bâtit au fil des ans, à force d'être de tous les débats et d'être présent sur la place publique. Nous entendons parler de *Force jeunesse*, une organisation qui est souvent consultée par les gouvernements sur les questions touchant les jeunes. Alors que les jeunes se comptent par millions au Québec, cette association est-elle suffisamment importante pour affirmer qu'elle les représente vraiment ?

La leçon à en tirer est la suivante : ces deux organisations sont tout de même devenues incontournables, ce qui renforce grandement leur capacité de convaincre le gouvernement du bien-fondé de leurs revendications. Elles ont un point en commun : elles occupent la place publique.

2.3 *DOCERE* (INSTRUIRE) OU LES ÉLÉMENTS D'UN EXPOSÉ STRUCTURÉ ET CONVAINCANT : CINQ AUTRES ASTUCES

Il y aura toujours dans la foule un crétin qui, sous prétexte qu'il ne comprend pas, décrétera qu'il n'y a rien à comprendre.

Amélie Nothomb

Une fois que vous disposez des éléments vous permettant de maximiser vos chances de séduire votre interlocuteur, vous devez l'instruire, l'informer, lui expliquer les raisons qui motivent votre demande. C'est là le but du dossier ou du mémoire qui est présenté à l'appui de vos demandes. L'intégration à votre raisonnement des astuces que vous emploierez pour plaire ainsi que leur enchaînement dynamique formeront un ensemble cohérent, un argumentaire convaincant, un dossier qui a du panache.

Argumenter, c'est donner à l'auditoire de bonnes raisons de croire à ce qu'on lui dit sans faire un exposé trop académique ou trop scientifique. Breton disait à ce sujet : « Les sciences exactes n'ont finalement pas grand-chose à dire sur l'homme en société ni sur les raisons qui nous guident dans nos choix quotidiens[8]. » Voyons donc comment intégrer ces concepts à ce que nous avons vu dans la section précédente. Découvrons comment convaincre avec « raison ».

8. Philippe Breton, *L'Argumentation dans la communication*, Paris, Éditions La Découverte, 2001, p. 37.

ASTUCE N° 8

CAPTER L'ATTENTION DE L'AUDITOIRE.

☞ *Afin de maximiser ses chances de persuasion, il faut d'abord capter l'attention de l'auditoire. En communication, c'est ce qu'on appelle* **l'accord préalable.**

Pour démontrer l'importance de l'accord préalable dans l'argumentation, citons Aristote traitant de la rhétorique dans les affaires judiciaires: «Tout ce que le conseiller doit démontrer, c'est l'exactitude de ce qu'il avance, au lieu que dans les discours judiciaires cela ne suffit pas et il y a profit à capter l'auditeur[9].» De nos jours, cette affirmation demeure vraie. Comme l'indique Perelman, «pour qu'il y ait argumentation, il faut que, à un moment donné, une communauté des esprits effective se réalise. Il faut que l'on soit d'accord, tout d'abord et en principe, sur la formation de cette communauté intellectuelle, et ensuite sur le fait de débattre ensemble une question déterminée: or cela ne va nullement de soi[10].»

Ainsi il faut, avant d'entrer dans le vif du sujet, capter l'attention, placer l'auditoire ou le lecteur dans une disposition favorable à l'écoute et à l'ouverture. Cela est propre à l'humain: il n'est pas rare qu'un interlocuteur se protège instinctivement ou volontairement contre ce qu'il va recevoir. Par exemple, un ministre, avant de lancer un projet de loi, va tâter le pouls sur le terrain et préparera sa défense. Il amorcera donc ses consultations sur cette position défensive.

La première chose à faire dans un dossier ou lors d'une audition pour ouvrir l'esprit de votre interlocuteur, c'est de présenter votre organisation. Il s'agit en fait de la décrire brièvement. Si vous êtes en audition dans une commission parlementaire, vous vous présenterez personnellement ainsi que les personnes qui vous accompagnent, en donnant les fonctions respectives de chacun, avant de décrire brièvement votre organisation. Dans le cadre d'un dossier écrit, la

---

9. Aristote, *op. cit.*, p. 19.

10. Chaïm Perelman et L. Obrechts-Tyteca, *Traité de l'argumentation*, Bruxelles, Éditions de l'Université de Bruxelles, 4e édition, 1983, p. 9.

même règle s'impose : décrivez votre organisation, ce qu'elle est, qui elle représente, etc.

Il ne faut jamais négliger cette étape, car c'est elle qui mettra *de facto* le lecteur ou l'auditeur dans le contexte de ce qu'il va recevoir comme argumentaire. Si vous êtes une Chambre de commerce, par exemple, il est bon de rafraîchir la mémoire de votre interlocuteur sur le nombre d'entreprises et d'emplois que vous représentez. *Idem* si vous êtes un organisme communautaire : il est toujours bon de rappeler votre mission, le nombre de personnes que vous aidez à chaque année, etc.

Vous poursuivrez la recherche de cet accord préalable avec des éléments permettant de favoriser les bonnes dispositions de votre lecteur ou de votre auditeur. Par exemple, on insérera des commentaires sur la pertinence de l'initiative prise par le gouvernement en présentant ce projet de loi ou cette politique, sur le fait qu'il s'agit d'un pas en avant, que cela fait évoluer le domaine, etc. De la même façon, lors d'une présentation en commission parlementaire, vous remercierez la commission de vous avoir donné l'opportunité d'être entendu et marquerez le fait que vous avez examiné avec beaucoup d'attention et d'intérêt le projet de loi proposé.

Ces deux étapes ne doivent pas être négligées, peu importe le statut de votre organisation. À cet effet, citons cet extrait de la présentation de la Chambre de commerce du Québec devant la Commission permanente des affaires sociales sur le projet de loi modifiant la *Loi sur les régimes complémentaires de retraite* en mai 2000 :

> ***Présentations*** >> « M. Audet (Michel) : Merci beaucoup, M. le Président. Michel Audet. Je suis président de la Chambre de commerce du Québec. À ma droite, Me André Dionne, qui est un avocat chez la Société Mercer, qui sera avec nous et qui, bien sûr, répondra davantage aux questions un peu plus juridiques et techniques. Je signale d'ailleurs que la Société Mercer a également transmis un mémoire ; donc, peut-être qu'il aura l'occasion de faire état de certains aspects, qu'on partage, d'ailleurs, qui ne sont pas dans notre propre mémoire. Et Maurice Turgeon, qui est conseiller économique à la Chambre de commerce du Québec.

(...)

Présentation de l'organisme >> Alors, comme vous le savez, la Chambre de commerce du Québec — ce n'est pas la première fois qu'on vient ici : on est des habitués à ce genre de commission, mais on tient à le répéter — est une fédération regroupant directement 3 500 entreprises et également une fédération qui regroupe 200 chambres de commerce locales qui, elles-mêmes, ont un membership de 50 000 membres. Ça signifie donc que nous représentons des gens d'affaires de tous les secteurs d'activité économique et de toutes les régions du Québec.

Accord préalable >> La Chambre a pris connaissance des modifications que le gouvernement entend apporter à la Loi des régimes complémentaires de retraite, et nous sommes heureux de répondre à votre invitation de témoigner aujourd'hui devant cette commission.

Il faut rappeler ici que la question du droit de l'employeur à un congé de cotisation a été réglée en grande partie dans le reste du Canada par un jugement de la Cour suprême en 1994. Donc, au Québec, compte tenu du jugement Singer, la question n'a pas encore reçu de réponse claire, et ça, je pense que c'est important. On l'oublie souvent, c'est que le Québec, là-dedans, ne fait que confirmer quelque chose qui existe ailleurs au Canada. Il n'y a pas de situation discriminatoire, au contraire. C'est pourquoi, avant toute chose, la Chambre tient à souligner sa satisfaction vis-à-vis de la proposition du ministre[11]. »

On voit que M. Audet marque bien le fait que l'opinion qu'il va exposer est celle de cinquante mille gens d'affaires au Québec pour, par la suite, se prononcer sur le bien-fondé de l'initiative du gouvernement dans le projet de loi dont il est question.

Autre élément important, bien que non visible, de l'accord préalable : « s'attacher avec » l'opposition et des députés du gouvernement. Si votre demande s'effectue dans le cadre d'une commission parlementaire, l'opposition est représentée à la commission qui vous concerne. Un lien avec la partie opposée permet non seulement de favoriser l'écoute de cette partie de la table lors d'une audition, mais peut

---

11. Assemblée nationale du Québec, *Journal des débats*, Commission permanente des affaires sociales, cahier n° 50, 11 mai 2000, p. 11-20.

aussi contribuer à aider votre cause. Le raisonnement est le même pour les députés du gouvernement qui siègent à la commission. Dans le cadre d'une audition, après avoir préalablement exposé votre position à un membre de la commission, vous pouvez, d'un commun accord, faire ce qui s'appelle dans le jargon gouvernemental «planter» quelques questions. En d'autres termes, vous pouvez vous entendre avec un ou plusieurs des députés autour de la table pour qu'il vous pose, lors de votre audition, quelques questions dont vous aurez convenu d'avance. Cette façon de faire vous donne l'avantage de contrôler une plus grande partie de la présentation, en plus de favoriser l'écoute du plus grand nombre possible de personnes.

En ce qui a trait à une demande de subvention ou d'établissement de politique, l'opposition peut aussi vous être utile. Il est important de sensibiliser le critique officiel de l'opposition à votre cause, car il n'est pas rare que l'opposition pousse le gouvernement à agir en martelant certains dossiers lors de la période de questions. Il n'est jamais agréable pour un parti au pouvoir de se faire reprocher sa lenteur à agir dans un dossier ou encore son incapacité à faire bouger son ministère. La même chose s'applique en ce qui concerne l'appui de députés du gouvernement. Un appui de députés de la partie ministérielle peut être fort utile pour «pousser» votre dossier auprès d'un ministre.

ASTUCE N°9

STRUCTURER SON OPINION.

☞ ***Un bon argumentaire doit dire clairement de quoi vous parlez, exposer les faits, le contexte, et énoncer l'opinion.***

On parle toujours mal quand on n'a rien à dire.

Voltaire

Une opinion claire est d'emblée convaincante. Or, en commission parlementaire, les députés siègent très souvent de longues heures, particulièrement lors de la session intensive. Ils voient donc défiler des dizaines de personnes dans une journée, qui viennent leur répéter ce qu'ils ont préalablement lu dans les mémoires avant le début des auditions. Ils devront absorber le contenu de dizaines de mémoires dans un court laps de temps, pour préparer les auditions. Il est donc capital de capter l'attention de votre lecteur ou auditeur dès le départ et de ne pas la perdre en cours de route. Il est fort probable qu'elle ne dure que quelques instants et il vous faut passer votre message dans ce laps de temps.

Même raisonnement en ce qui a trait à un dossier présenté dans un ministère à l'appui d'une demande. Les fonctionnaires auront à le lire parmi tous les autres documents semblables qui reposent sur les nombreuses piles qui ornent leurs bureaux. Vous avez donc avantage à aller droit au but, de façon claire et précise.

Voici quelques trucs qui vous permettront de structurer votre opinion clairement et simplement pour maximiser l'attention que vous recevrez.

Truc n° 1: **Tout se joue en cinq minutes!** Les premiers paragraphes ou les deux premières minutes de votre présentation devront donc contenir l'ensemble des éléments-clés de votre message.

Truc n° 2: **Indiquez clairement ce que vous demandez ou, si vous êtes en commission, précisez pourquoi vous y êtes.** Si vous souhaitez apporter un amendement aux articles X, Y et Z, écrivez-le clairement dans votre mémoire et dites-le clairement au début de votre présentation:

«M. le Président, nous sommes ici aujourd'hui pour demander cet amendement à l'article X».

«M. le Président, nous sommes ici aujourd'hui en appui au projet de loi présenté…»

«M. le Président, nous sommes ici aujourd'hui pour vous informer des dangers d'adopter une telle loi.»

De la même façon, si vous souhaitez obtenir une subvention de 10 000 $ via le programme XYZ, écrivez-le clairement dans votre dossier de présentation et dans vos correspondances au ministère ; ne supposez pas que votre lecteur déduira de lui-même ce que vous demandez, vous pourriez avoir de mauvaises surprises.

Pour illustrer concrètement ces deux premières règles, nous avons repris ici une présentation de monsieur Ghislain Dufour devant la Commission des finances publiques concernant le projet de loi sur le lobbying que le gouvernement souhaitait adopter en mai 2002. Monsieur Dufour s'opposait à l'existence même d'une telle loi. Voici un extrait de sa présentation :

> ***Accord préalable*** >> « M. Dufour (Ghislain) : O.K. Alors, merci, M. le Président. Alors, c'est un témoignage vraiment personnel que je voudrais transmettre à cette Commission. Ça fait 31 ans que je fais des affaires publiques et des relations gouvernementales — dont beaucoup d'ailleurs avec M. Bégin ; 27 ans au Conseil du patronat, 3 ans comme lobbyiste-conseil. J'ai travaillé sous huit gouvernements, donc avec des centaines de ministres, des centaines de chefs de cabinet, des centaines de députés. Et si je regarde, ici, il n'y a pas personne avec qui je n'ai pas travaillé de toute façon. Alors, je voulais vous donner de façon personnelle, une réaction face à ce projet de loi à partir de mon propre vécu. »

Ce qui suit montre comment, après s'être présenté — et après avoir appliqué très habilement les techniques de l'accord préalable—, il livre clairement son opinion en moins d'une minute (ou un paragraphe) :

> ***Opinion résumée*** >> Je dois dire, d'entrée de jeu, M. le Président, et c'est important, qu'en 31 ans je n'ai jamais personnellement vu, entrevu, ou entendu parler de situations telles qu'on serait obligé de déposer un tel projet de loi, qui vient brimer carrément la liberté d'expression, qui vient brimer en plusieurs circonstances le secret professionnel entre un individu et son client — c'est important le lien de confiance qu'on établit entre deux personnes — et qui vient couper ce lien de confiance[12]. »

On saisit très clairement où il est, d'où il vient, sa crédibilité, son opinion : il ne veut pas de cette loi et il exprime les trois raisons qui appuient à cette opinion. On notera

12. Assemblée nationale du Québec, *Journal des débats*, Commission des finances publiques, cahier n° 68, 28 mai 2002.

également que monsieur Dufour est entré directement dans le registre des sentiments en affirmant qu'il *n'a jamais vu en 31 ans… que cela vient brimer la liberté d'expression*, etc.

Une fois l'amorce complétée, vous entrez dans le cœur de votre argumentaire. Voici quelques petits trucs pouvant en guider la construction :

Truc n° 3 : **N'employez que des termes connus pour vous exprimer : évitez le gargarisme académique.** Allez droit au but avec des termes clairs et concis, surtout si les politiciens assis autour de la table de la commission ou les fonctionnaires qui lisent votre dossier ne sont pas des experts du domaine. Malgré le fait que certains politiciens ont exercé sur le terrain au cours de leur vie, ils ont maintenant une perspective politique sur le sujet et vont chercher à trouver dans votre opinion des points d'appui de cette nature. C'est pourquoi il faut éviter l'exposé académique. Il vous appartient donc de faire les liens qui s'imposent, et de les faire clairement et simplement. Pour vous en assurer, une fois votre dossier écrit, faites-le relire et relisez-le vous-même. Vous recueillerez certainement quelques pistes d'amélioration. Demandez-vous si vous ne tentez pas de passer par Tombouctou pour vous rendre à Chicoutimi.

Truc n° 4 : **Ne tenez pas pour acquis que votre interlocuteur présumera ou saura ou comprendra ce que vous voulez dire : allez droit au but et expliquez clairement votre logique, sans rien négliger.** Si vous devez utiliser des terminologies complexes ou spécifiques à votre expertise, insérez-en une brève définition soit en note, soit entre parenthèses. Si vous citez un événement ou donnez un exemple, expliquez brièvement de quoi il s'agit, à quoi vous faites référence ; ne présumez pas que tous ont la même mémoire ou que tous savent tout. Même si cela est évident pour vous, ne le présumez pas chez votre auditoire. Si vous citez une personne, qualifiez-la, dites ce qu'elle fait, ne tenez pas pour acquis qu'on la connaît suffisamment. Bref, ne négligez aucun élément d'information.

Truc n° 5: Ne tentez pas de tout gagner, choisissez vos buts et vos batailles. Il vaut mieux sélectionner les éléments les plus importants pour vous et vous y tenir, plutôt que de tenter de gagner sur tous les plans. Vous noierez le poisson si vous misez trop gros. Sélectionnez les deux ou trois points les plus importants et tenez-vous en à cela; vous obtiendrez de meilleurs résultats ainsi. Il faut marteler votre message et ne pas «lâcher le morceau», d'autant plus que l'attention de votre interlocuteur à votre cause est d'emblée limitée. On dit qu'un message-clé doit être répété jusqu'à six fois pour être retenu. N'hésitez donc pas à marteler, marteler, marteler, tout en vous rappelant que vous ne pouvez jamais tout gagner.

Truc n° 6: Ne tombez pas dans le piège de la démonstration à outrance, soit la démonstration de la démonstration. Il est préférable d'utiliser des exemples pour illustrer ce que vous voulez dire plutôt que de vous lancer dans des laïus académiques interminables. N'oubliez pas que vous n'avez l'attention de votre lecteur ou de votre auditeur que pour quelques minutes... Un dossier de cinquante pages somnifères vaut bien moins qu'un dossier de dix pages bien écrit, précis et agréable à lire.

Truc n° 7: Ne jouez pas sur l'équivoque des termes. Cela devient un piège, car on pourrait mal vous interpréter. Soyez clair et appelez un chat un chat, pas un félin. Vous voulez montrer que telle action du gouvernement causera des pertes d'emplois ? Dites-le ainsi, sans passer par des phrases du type « une telle décision aurait des conséquences sur l'emploi ». Utilisez plutôt : « M. le Ministre, cette décision entraînerait la perte de X milliers d'emplois ».

Truc n° 8 : **Ne laissez pas votre sort entre les mains de l'adversaire.** En d'autres termes, ne vous limitez pas à la simple critique dans votre argumentaire ; proposez vous-même des solutions qui sont conformes à ce que vous désirez. Souvent, il se peut fort bien que l'on adhère à ce que vous dites, mais que le ministre ne voit pas comment il pourra concrétiser le tout. Alors, si vous désirez un amendement par exemple, suggérez-en la formulation explicitement, donnez-lui la solution.

ASTUCE N° 10

PUNCHER SES DOSSIERS, MÉMOIRES ET DISCOURS.

☞ *Un bon argumentaire doit comporter des éléments qui marqueront l'imaginaire et la mémoire de ceux et celles que l'on tente de persuader.*

Il existe différentes techniques qui permettent d'y arriver. Vous chercherez en fait à faire passer votre message en utilisant des images et des rythmes qui frapperont ceux et celles que vous tentez de persuader. C'est ce qu'on appelle des figures de rythme et des figures de style.

Truc n° 1 : **Rythmez vos écrits et vos discours.** Cette stratégie se résume à utiliser des figures de rythme pour illustrer votre point de vue. Elle a pour effet de faire passer le message en peu de mots, tout en percutant la mémoire de vos interlocuteurs. Notons qu'en communication, cette manière de faire est utilisée fréquemment par les personnalités publiques dans leurs apparitions médiatiques. En effet, vous remarquerez que la durée d'apparition d'un porte-parole dans un bulletin de nouvelles n'est souvent que de quelques secondes (10 à 15 secondes à la radio et 7 à 10 secondes à la télévision). Dans le jargon du milieu, c'est un « clip ». En commission parlementaire ou dans vos dossiers, n'hésitez donc pas à utiliser des clips — petites phrases-clés et rythmées — pour dire ce que vous voulez dire. Ponctuer vos documents et discours de figures de rythme peut s'avérer utile pour faire passer votre message et faire en sorte que l'on s'en souvienne. Voici deux exemples :

— lors du débat concernant le financement des Expos il y a quelques années, Lucien Bouchard, alors premier ministre, disait pour illustrer son opinion : « On ne va pas financer les Expos alors qu'on ferme des hôpitaux » ;

— plus récemment, en 2002, on se souvient encore du fameux : « On veut remplacer votre carte d'assurance-maladie par votre carte de crédit » de Jean Charest dans le débat sur le système de santé.

Peu importe que l'on soit d'accord ou non avec l'opinion émise, on s'en souvient. Si vous arrivez à rythmer et à illustrer ainsi votre message-clé, vous optimisez vos chances que l'on se souvienne de vous, de votre position ou de votre demande.

Truc n° 2 : **Donnez du style à vos documents et à vos présentations**[13]. La langue française regorge de figures de style qui peuvent s'avérer d'importants alliés pour marquer la mémoire de vos interlocuteurs et illustrer ce que vous voulez dire. En voici quelques-unes.

— *La comparaison* : elle consiste à utiliser des mots du style *comme, tel que,* pour établir

13. Les informations de cette section sont tirées de *www.toutelapoesie.com*.

un rapprochement entre deux termes. Voici un exemple: «*Avec cette disposition archaïque du projet de loi, les travailleurs se retrouvent comme à l'époque de l'esclavage, M. le Président*». Ou en littérature: «*Tes yeux, bleus comme l'océan*».

— *La métaphore*: elle a, à l'instar de la comparaison, pour effet d'illustrer l'idée en établissant une analogie entre deux termes. Par exemple: «*Une telle décision de la part du gouvernement créerait un monstre bureaucratique*». C'est aussi le «*gros serpent de fumée noire*» de Maupassant[14].

— *La métonymie*: On l'utilise pour synthétiser ce que l'on veut dire par un symbole. Par exemple, pour désigner l'épicentre des activités gouvernementales où se trouvent les bureaux des ministres, des députés et le parlement, on utilisera souvent le terme «*la colline parlementaire*». Pour parler de la nécessaire modernisation d'une loi, on utilisera l'expression «*dépoussiérage de la loi*». Pour désigner le bureau du premier ministre, on dira le «*bunker*».

— *L'antithèse:* elle permet d'opposer deux termes ou deux idées. Par exemple: «*Ce qui importe pour nous, c'est de préserver la force du gouvernement et non le gouvernement de la force*».

— *Le paradoxe*: il s'agit d'énoncer une idée, mais de façon contraire à l'opinion commune pour créer un effet de surprise. Exemple: «*Avec cette loi, c'est la liberté du non-choix que l'on donne aux employeurs*». Ou encore, le «*pénible fardeau de n'avoir rien à faire*» de Boileau[15].

---

14. Exemple tiré de *www.toutelapoesie.com*.

15. *Ibid.*

— *L'oxymore:* il consiste à réunir deux termes contradictoires pour créer aussi un effet de surprise. Par exemple, pour qualifier une disposition en apparence claire, mais dont l'interprétation est nébuleuse: «*L'obscure clarté de cette disposition de la loi nous indique déjà des problèmes d'application importants*».

— *La litote*: c'est le contraire de l'exagération. Il s'agit de condenser ce qu'on dit pour en suggérer plus. Par exemple, pour dénoncer le fait que l'objectif de simplification d'une loi n'est pas atteint, on peut dire: «*L'objectif premier de ce projet de loi était la simplification de la loi. Nous en voulons pour preuve qu'elle contient maintenant un article 137.77!!!*». C'est aussi dire «*Il n'est pas laid*» pour dire de quelqu'un «*il est beau*».

— *L'euphémisme*: il consiste à atténuer l'expression d'une idée ou d'un sentiment qui pourrait choquer ou déplaire autrement. Par exemple, «*Avec cette loi, notre industrie rendra son dernier soupir*» au lieu de «*Cette loi tuera notre industrie*».

ASTUCE N° 11

UTILISER PLUSIEURS TYPES D'ARGUMENTS.

☞ ***Il importe d'argumenter au sens strict en utilisant toutes les techniques possibles, afin de tenir compte de la diversité des interlocuteurs et d'étayer au maximum votre opinion.***

Parler beaucoup et parler à propos ne sont pas la même chose.

Sophocle

Il existe une panoplie de formes d'arguments que vous pouvez utiliser pour forger votre argumentation. Nous avons retenu cinq catégories qui sont tirées de la classification proposée par Breton[16].

16. Philippe Breton, *L'Argumentation dans la communication*, *op. cit.*

1re catégorie : les arguments d'autorité

Les arguments d'autorité sont ceux qui s'appuient sur une autorité reconnue et respectée par l'auditoire. Notons qu'ils peuvent être positifs ou négatifs, cela dépend si l'on cherche à appuyer ou disqualifier une opinion ou une proposition. En voici quelques exemples :

> *« Comme le démontrait le Conseil du statut de la femme dans une étude publiée récemment... »* — positif

> *« Rappelons que Duplessis avait lui aussi cette vision du Québec, Monsieur le Ministre... »* — négatif.

L'argument d'autorité peut aussi être tiré de votre propre expérience, de témoignages, de faits, d'études ou de sondages :

> *« En dix ans, nos cinq mille membres ont effectué plus de cinquante mille interventions de ce genre et jamais un tel cas n'a été rapporté, alors on se demande pourquoi les étreindre dans un tel étau législatif ? »*

> *« Un sondage CROP que nous avons effectué sur la question révèle que 80 % des travailleurs sont opposés à la mesure proposée. »*

2e catégorie : les arguments de communauté

Un argument de communauté fait appel à des valeurs, des opinions, des proverbes ou des croyances partagées par un auditoire. On peut les tirer de citations et de discours du gouvernement ou des ministres, des écrits gouvernementaux, ou encore d'expressions connues :

> *« Comme le mentionnait le ministre le 15 janvier dernier, le Québec est une société moderne, il faut donc que son système professionnel en soit le reflet. »*

> *« Tous s'entendent pour dire qu'une mesure qui crée de l'emploi est une bonne mesure mais encore faut-il qu'elle soit bien appliquée. »*

> *« Nous le savons tous, il est dangereux de mettre tous ses œufs dans le même panier, comme le gouvernement tente de le faire ici. »*

«Avec ces modifications, on veut le beurre et l'argent du beurre, on passe à côté de l'objectif.»

«Il y a un temps pour tout, M. le Président, et nous pensons qu'il est arrivé; or cela ne se voit pas dans ce qu'on nous présente.»

«Rien ne sert de courir, il faut partir à point. Alors, pourquoi se doter d'un échéancier aussi serré?»

3e catégorie: les arguments de cadrage

Un argument de cadrage est un argument qui permet de mettre l'emphase sur certains aspects et d'en amenuiser d'autres. On cherche ici à introduire une nouveauté, en convoquant notre vis-à-vis dans un univers auquel il n'aurait pas spontanément pensé. En voici quelques exemples:

Si on veut dénoncer les iniquités dans le logement social à Montréal: *«Les sans-abris sont dans l'est et les nouveaux logements, dans l'ouest.»*

Un argument de cadrage peut aussi prendre la forme d'une définition:

«Ce projet de loi vise à rétablir l'équité. Qu'est-ce que l'équité? L'équité, c'est de permettre à l'ensemble de la population d'avoir accès aux mêmes soins, aux mêmes services de santé, peu importe le niveau de leur compte de banque.»

Il peut aussi prendre la forme d'une amplification:

«Ce projet de loi réunit tous les ingrédients pour anéantir dans un gouffre sans fond l'équilibre que nous avons atteint dans les relations de travail à ce jour: des syndicats bâillonnés, un patronat aux mains liées, des travailleurs exploités et des patrons au bord de la faillite. Un marché du travail en phase terminale.»

Ou encore d'une expolition, ce qui consiste à répéter une même idée dans les mêmes termes ou dans des termes différents. Si vous êtes un lobby anti-tabac qui veut dénoncer l'enfer de la dépendance à la nicotine, vous pouvez vous exprimer ainsi:

«Elle enchaîne ceux qui s'y adonnent régulièrement, elle fait perdre toute volonté. On est entièrement soumis à son emprise, c'est elle qui commande, on ne peut plus s'en passer[17].»

---

17. *Ibid.*, p. 84.

4e catégorie : les arguments d'analogie

L'argument d'analogie va chercher un élément ou une situation extérieurs qui n'ont qu'un lien souterrain avec le cas présenté. Il peut aussi consister à rappeler un fait connu et à le placer en généralité. Par exemple :

> Dans le cadre du projet de loi sur le lobbying, voulant dénoncer les pouvoirs importants confiés au commissaire : *« Dans cette loi, le commissaire est transformé en véritable chef de la Gestapo. »*
>
> Ou si on veut exprimer qu'au Québec, tout le monde a sa chance et peut réussir : *« Tous peuvent réussir au Québec, Bombardier est parti de rien et il est devenu un chef de file mondial. »*

L'argument d'analogie peut aussi prendre la forme d'un argument par l'exemple. Il va aussi chercher un élément étranger à l'opinion proposée, mais il le met en rapport avec elle de façon plus directe et plus simple :

> *« Avec de tels investissements, chaque région peut se développer et devenir une autre Beauce. »*

Il est cependant à utiliser avec parcimonie, car il peut être contré facilement :

> Un père dit à son fils[18] : *« À ton âge, Napoléon était premier de classe », et le fils de lui rétorquer : « Et au tien, il était empereur. »*

5e catégorie : les arguments quasi logiques

Les arguments de cette catégorie peuvent être une quasi-démonstration : *Les amis de mes ennemis sont mes ennemis.*

Ou encore être de type causal, c'est-à-dire qu'ils comportent une logique de cause à effet ; « (…) l'argument causal consiste à transformer l'opinion que l'on veut soutenir en une cause, ou en un effet, de quelque chose sur lequel existe un accord. Si l'opinion que l'on veut défendre est que les services de renseignements de ce pays sont excellents, on pourra transformer cette opinion en cause du fait que le gouvernement de ce pays semble toujours agir en fonction

18. *Ibid.*, p. 104.

d'excellents renseignements. On suppose donc que la bonne information du gouvernement (...) est l'effet de l'excellence de ses services[19]. »

ASTUCE N° 12

CONCLURE POUR NE PAS ÊTRE OUBLIÉ.

☞ ***Une fois que vous avez exprimé votre opinion et livré votre argumentaire, il faut conclure en synthétisant vos arguments dans une formule qui élève le débat à la hauteur de l'enjeu.***

Il s'agit en fait de traduire simplement, mais de façon précise, la réflexion que votre position veut susciter. Pour illustrer ce dont il s'agit, voici deux exemples.

Le premier est tiré de l'expérience de l'Ordre des conseillers en ressources humaines et en relations industrielles agréés du Québec, qui, comme nous l'avons vu, demandait au gouvernement de réserver le titre *de conseiller en ressources humaines agréés* à ses membres. Voici un extrait de la conclusion donnée par l'Ordre lors de sa présentation en commission parlementaire dans le cadre du projet de loi concerné :

> ***Mme Sophie Fortin:*** « Enfin, tout ceci pour dire que nous partageons l'opinion émise par la ministre responsable de la Justice et responsable des ordres professionnels lors de son allocution au lancement du plan d'action sur la modernisation du système professionnel, le 26 novembre dernier, et je me permets de la citer: "Les changements dans l'environnement de nos professions et dans notre société en général nous ont mis devant l'évidence d'une adaptation nécessaire du monde professionnel, d'une réelle mise à jour." Fin de la citation.
>
> C'est ainsi que l'ajout du titre réservé de conseiller en ressources humaines agréé à l'usage des membres de l'Ordre des conseillers en relations industrielles du Québec est nécessaire — et permettez-moi humblement, M. le Président, de reprendre les termes de Mme la ministre— "afin de faire vivre

19. *Ibid.*, p. 92.

nos professionnels en harmonie avec leur époque". Je vous remercie beaucoup »[20].

Le second exemple est tiré de l'allocution de monsieur Ghislain Dufour lors de sa présentation contre le projet de loi sur le lobbying. Il référait à l'opinion d'un professeur de l'Université de Sherbrooke :

> ***M. Ghislain Dufour:*** « (...) Lui, ce qu'il disait, c'est qu'il ne faut pas légiférer à tout prix, parce qu'il faut regarder la culture d'un pays, et cette culture-là, il disait, elle est très présente au Québec par toute une série de lois qui contrôlent déjà les activités des lobbyistes, des politiciens, etc., et il disait que, dans le fond, il faudrait y penser deux fois.
>
> Moi, la seule question que je vous pose, c'est — j'ai l'impression qu'elle est fondamentale, cette question que je pose: Est-ce que toutes ces lois-là qui existent, si nombreuses qu'on pourrait en faire une nomenclature extraordinaire, sont-elles devenues nulles, au point où on est obligé de se donner un autre outil dont on ne connaît mais absolument pas les conséquences, une loi qui a été façonnée dans une période d'insécurité gouvernementale, alors qu'on dit que dans d'autres pays, cela a pris des années à façonner ce genre de loi ?
>
> Alors, c'est une question que je pose: Est-ce que toutes nos autres lois sont devenues nulles au point où il faut les remplacer par une nouvelle loi[21]? »

20. Assemblée nationale du Québec, *Journal des débats*, Commission des institutions, cahier n° 122, 14 juin 2000.

21. Assemblée nationale du Québec, *Journal des débats*, Commission des finances publiques, cahier n° 68, 28 mai 2002.

Chapitre 3

Tout ce qu'il faut savoir sur le processus législatif au Québec et les commissions parlementaires

AVANT D'ABORDER LA PRÉSENTATION en commission parlementaire, il importe de bien la situer dans le processus législatif. Notre système parlementaire est régi par un ensemble de lois et de règlements, et les projets de loi qui y sont votés sont assujettis à un cheminement particulier. Ce chapitre a pour but de tracer les grandes étapes de ce cheminement.

Afin de compléter notre tour d'horizon, nous traiterons de plusieurs aspects techniques concernant les commissions parlementaires : leurs compositions et leurs mandats, leur fonctionnement et leurs procédures ainsi que les règles de consultation.

3.1 LE PROCESSUS LÉGISLATIF AU QUÉBEC ET LE RÔLE DE LA COMMISSION PARLEMENTAIRE[1]

D'emblée, précisions qu'il existe deux types de projets de loi : ceux d'intérêt public et ceux d'intérêt privé. Les premiers sont les plus usuels et portent sur des sujets qui intéressent le public en général. Les seconds ont pour objet d'obtenir pour un individu, une société ou une municipalité des privilèges exclusifs ou particuliers (par exemple, la correction de titres d'immeubles, la ratification de règlements pour une municipalité, la modification d'une charte municipale, etc.). Nous concentrerons nos propos uniquement sur les projets

1. Les renseignements contenus dans cette section proviennent notamment de *La Procédure parlementaire du Québec* (Assemblée nationale du Québec, 2000, 496 pages), disponible en version électronique à l'adresse suivante : *www.assnat.qc.ca.*

de loi publics, puisque les commissions parlementaires ne concernent que ces derniers.

La présentation

Les projets de loi dits «publics» sont généralement présentés par les ministres[2]. Lors de la présentation, le ministre responsable d'un projet de loi en expose brièvement le contenu. L'Assemblée nationale est ensuite appelée à se saisir du projet de loi en adoptant la motion déposée par le gouvernement à cet effet. Notons qu'aucun débat sur le projet de loi ou sur ses objectifs n'a lieu à l'occasion de la présentation. Une fois l'accord de l'Assemblée obtenu, le projet de loi passe généralement à l'étape suivante : la consultation.

La consultation en commission parlementaire

La présentation est suivie d'une étape qui est facultative : la consultation en commission parlementaire. C'est à cette étape que les organisations et les personnes désireuses d'émettre leur opinion sur le projet de loi et d'en influencer le contenu peuvent être entendues.

Les consultations peuvent être générales ou particulières. C'est le leader[3] du gouvernement qui recommande à l'Assemblée d'acheminer le projet de loi auprès d'une commission permanente afin d'entreprendre une consultation générale ou particulière sur ses objets. La motion ainsi présentée par le leader ne fait généralement pas l'objet d'un débat (sauf si elle déroge aux dispositions du *Règlement concernant les consultations particulières*).

Dans les faits, la décision de mener le projet de loi en consultation particulière ou générale comporte plusieurs enjeux stratégiques de nature politique. Par exemple, sur un sujet tout spécialement chaud et embarrassant pour le

2. Tous les députés peuvent présenter des projets de loi publics ; mais, lorsque des incidences financières sont en jeu, seuls les ministres peuvent le faire.

3. Le leader parlementaire voit à la procédure parlementaire, à la planification des travaux parlementaires et à l'élaboration des stratégies à adopter lors des débats.

gouvernement, l'opposition peut demander que le projet de loi en question fasse l'objet d'une consultation générale, ce qui lui donne une prise de plus sur l'issue du projet et lui permet de multiplier les critiques à l'égard du gouvernement. Pour sa part, le parti au pouvoir préfère quelquefois restreindre les consultations, car celles-ci ouvrent la porte à de nombreux débats et à des critiques sur la place publique. Sans compter les délais occasionnés par une telle démarche qui peuvent entraver ou retarder l'atteinte des objectifs politiques visés.

Il est à noter que, dans certains cas, les ministres « tâtent » préalablement le terrain en rendant publics des documents de consultation ou d'orientation. Ceux-ci précèdent la rédaction d'un projet de loi et, par conséquent, l'étude en commission parlementaire. Cette tactique permet de prendre le pouls des acteurs sur le terrain quant aux grands enjeux en cause dans le projet de loi envisagé, et ce, avant même qu'il ne soit rédigé.

Les ministres qui utilisent ce procédé invitent divers intervenants à faire part de leurs avis sur les grandes orientations énoncées. À ce stade, les organisations ont donc une première occasion d'exercer leur influence auprès du ministre. Un exemple récent concerne la réforme envisagée de la *Loi sur les normes du travail du Québec*. Le ministre du Travail, Jean Rochon, avait lancé en mai 2002 un document de consultation intitulé *Revoir les normes du travail du Québec. Un défi collectif*. Il y traçait les grandes lignes de la réforme envisagée et avait reçu, sur invitation, une série d'acteurs concernés par le sujet pour recueillir les premiers sons de cloche. Lors du dépôt du projet de loi à l'automne suivant, il avait retenu certaines recommandations formulées par ses invités en privé. De plus, il avait une bonne idée des revendications qui lui seraient formulées par les intervenants en commission parlementaire. Il avait donc eu le loisir de préparer ses répliques et la suite des choses.

Mentionnons qu'outre le fait qu'il peut permettre d'ajuster le tir avant les débats en commission parlementaire, ce procédé consultatif peut aussi servir de prétexte pour échapper à la consultation publique. Dans un tel cas, le ministre prétextera que tous les intervenants importants ont déjà émis leur opinion sur la question et qu'il n'est donc pas nécessaire de tenir des auditions. Mais il est généralement difficile pour un ministre d'éviter la consultation, surtout lorsqu'il s'agit de projets de loi importants.

Enfin, une fois la consultation terminée, la commission parlementaire produit un rapport à l'intention de l'Assemblée. Ce rapport n'est pas soumis à un vote, mais simplement déposé à l'Assemblée et collige les recommandations de la commission à la suite des auditions qui ont été tenues.

L'adoption du principe (ou la deuxième lecture)

La deuxième étape du processus législatif consiste à adopter le principe d'un projet de loi. Cette étape peut suivre la consultation en commission parlementaire ou, le cas échéant, la présentation du projet de loi. À ce stade, les partis en chambre débattent du principe du projet de loi, c'est-à-dire de sa pertinence, de son opportunité. Une fois le débat terminé, l'Assemblée vote sur l'adoption du principe du projet de loi. Puisque les députés du parti au pouvoir sont plus nombreux que ceux de l'opposition, nous pouvons prévoir facilement l'issue de ce vote...

L'étude détaillée en commission

Une fois son principe adopté, un projet de loi retourne en commission pour ce que l'on appelle communément «l'étude article par article». À ce stade, la commission reprend le projet de loi en scrutant minutieusement chacun de ses articles. C'est donc ici que certains amendements sont apportés, certains articles retranchés ou ajoutés, etc., pourvu que ces modifications laissent intacts les principes adoptés précédemment. Généralement, ces amendements émanent des suggestions retenues par la commission à la suite de la consultation publique.

Notons que l'on peut toujours intervenir ici pour suggérer des changements à l'équipe qui travaille sur place pendant les discussions.

La prise en considération du rapport de la commission

Après l'étude détaillée, la commission rédige un rapport qui contient les amendements et les modifications apportés. L'Assemblée est alors appelée à adopter ledit rapport. C'est ce que l'on appelle la prise en considération. Notons que des amendements supplémentaires — autres que ceux contenus dans le rapport de la commission — peuvent aussi être apportés à cette étape-ci.

L'adoption (ou la troisième lecture)

Ici, le projet de loi amendé est soumis à l'Assemblée nationale pour adoption. Aucun nouvel amendement n'est recevable à moins que l'auteur du projet de loi ne demande l'ouverture d'une commission plénière, ultime occasion pour introduire des modifications au texte législatif. Il va sans dire que cette situation est assez rare puisque tous les amendements ont généralement été apportés au cours des étapes précédentes.

La sanction

L'adoption d'un projet de loi n'implique pas nécessairement que la loi est applicable immédiatement. Elle le devient le jour de sa sanction ou de son entrée en vigueur, tel qu'édicté dans les articles ou le règlement prévus à cette fin. La sanction représente donc la dernière phase du processus législatif. Au cours de cette étape, le lieutenant-gouverneur appose sa signature sur le texte du projet de loi qui aura force de loi et qui entrera en vigueur le jour même ou à une date ultérieure fixée dans la loi.

3.2 Les commissions parlementaires : mandats et composition

> « De fait, si l'Assemblée est le forum approprié pour permettre aux députés de prononcer des discours d'ordre plus général sur les questions soumises aux délibérations parlementaires, les commissions, composées de groupes plus restreints de députés, sont en général un endroit beaucoup plus approprié pour examiner en détail les projets de loi ou les autres questions d'actualité. D'ailleurs, à l'ère de l'imputabilité et d'une gestion plus serrée des finances publiques, les commissions jouent un rôle de plus en plus marqué dans le processus de contrôle parlementaire[4]. »

Bref historique

La possibilité d'instituer des commissions se retrouve dans la législation de l'Assemblée nationale. Avant la réforme parlementaire de 1984, il existait vingt-sept commissions, soit une pour chacun des vingt-quatre ministères et trois autres avec un mandat de nature plus administrative (la Commission de l'Assemblée nationale, des engagements financiers et des corporations professionnelles). À cette époque, les commissions ne se réunissaient que sur l'initiative du leader du gouvernement. Elles ne bénéficiaient d'aucune autonomie et, comme leur composition variait constamment, elles ne pouvaient acquérir d'expertise dans un domaine particulier.

La réforme de 1984 a permis de démocratiser davantage l'organisation des commissions en la rendant moins tributaire des humeurs du gouvernement. C'est ainsi que, depuis cette réforme et les autres changements qui l'ont suivie, le Québec compte dix commissions permanentes, en plus de la Commission de l'Assemblée nationale — qui est chargée de coordonner les travaux de l'ensemble des autres commissions.

Chacune des commissions est composée de membres permanents, dont le mandat est de deux ans, et dispose

4. Assemblée nationale du Québec, *La Procédure parlementaire du Québec*, *op. cit.*, p. 339.

de compétences dans un des grands secteurs de l'activité étatique. Puisque leur composition est fixe et que leurs travaux sont spécialisés dans un secteur particulier, elles ont donc réussi à acquérir une expertise dans leur domaine d'intervention, ce qui permet d'assurer une meilleure cohérence de l'action législative.

Composition des commissions

La Commission de l'Assemblée nationale est composée du président et des vice-présidents de l'Assemblée, des leaders en chambre, des whips[5] des formations politiques ainsi que des présidents des commissions permanentes.

Les commissions permanentes sont composées, pour leur part, d'une dizaine de députés parmi lesquels sont nommés un président et un vice-président. Le ministre qui propose un projet de loi devient évidemment membre de la commission chargée de l'étudier. Les formations politiques désignent les membres des commissions parmi leur députation respective et la composition des commissions tient compte de la représentativité des partis politiques et des députés indépendants qui siègent à l'Assemblée. Les membres d'une commission sont désignés par l'Assemblée et leur mandat est d'une durée de deux ans.

L'Assemblée peut également constituer des commissions spéciales soit par motion, soit par loi. La Commission Bélanger-Campeau (instituée par loi) en est un exemple. L'Assemblée détermine le mandat et la composition de ces commissions dont l'existence prend généralement fin avec le dépôt de leur rapport à l'Assemblée nationale.

5. Les whips des partis politiques ont pour principales fonctions de maintenir l'ordre dans leurs troupes et d'assurer la cohésion et la solidarité au sein des députés du parti. Ils veillent à assurer la présence d'un nombre suffisant de députés en chambre lors des travaux parlementaires.

Mandats des commissions[6]

À la demande de l'Assemblée nationale, les commissions[7] sont chargées d'étudier :

- les projets de loi ;
- les crédits budgétaires ;
- toute autre affaire confiée par l'Assemblée.

De leur propre initiative, elles peuvent également étudier :

- la législation déléguée (il s'agit des règlements et des projets de règlements) ;
- la gestion, les activités et les orientations des organismes publics ;
- tout autre sujet d'intérêt public (ce sont les mandats d'initiative).

« Chaque commission définit la méthode utilisée pour mener ses travaux à terme. Elle peut faire appel aux services d'un expert ou solliciter l'opinion de personnes ou d'organismes[8]. » Elle peut tenir des consultations générales et inviter toute personne ou tout organisme intéressé à lui transmettre un mémoire exprimant son opinion. Elle peut aussi choisir, après examen des mémoires, qui elle entendra. Enfin, elle dispose aussi du pouvoir de contraindre une personne à comparaître devant elle.

Liste des commissions

La Commission de l'Assemblée nationale :

- « établit le Règlement de l'Assemblée et ses règles de fonctionnement ainsi que celles des commissions et les soumet à l'approbation de l'Assemblée ;

---

6. Ces informations sont tirées du site Internet de l'Assemblée nationale à l'adresse suivante : *www.assnat.qc.ca*.
7. À l'exception de la Commission de l'administration publique qui a des fonctions spécifiques.
8. Voir *www.assnat.qc.ca*.

- coordonne les travaux des autres commissions, notamment en déterminant devant quelle commission répond un organisme public et en précisant, au besoin, la compétence de chaque commission ;
- autorise les commissions à siéger ailleurs qu'à l'Hôtel du Parlement ;
- s'occupe de toute matière qui n'a pas été spécialement confiée à une autre commission[9]. »

La Commission de l'administration publique :

- vérifie les engagements financiers des ministères et de certains organismes publics ;
- entend, chaque année, le Vérificateur général sur son rapport annuel ;
- entend sur leur gestion administrative, au moins une fois par année, les ministres (si opportun) et les sous-ministres ou les dirigeants d'organismes publics ;
- entend les administrateurs publics sur toute autre matière de nature administrative relevant de ces ministères ou organismes qui a été signalée dans le rapport du Vérificateur général ou du Protecteur du citoyen ;
- étudie toute matière qui lui est confiée par l'Assemblée.

La Commission des institutions :

- préside le Conseil exécutif ;
- a pour compétences la justice, la sécurité publique, les relations intergouvernementales et la constitution.

La Commission des finances publiques :

- dispose des compétences en matière de finances, budget, comptes publics, administration du

---

9. Tiré de *www.assnat.qc.ca*

gouvernement, fonction publique, services et approvisionnements.

La Commission des affaires sociales :

- dispose des compétences en matière de famille, santé, services sociaux et communautaires, condition féminine et sécurité du revenu.

La Commission de l'économie et du travail :

- dispose des compétences en matière d'industrie, commerce, tourisme, travail, science, technologie, énergie et ressources et main-d'œuvre.

La Commission de l'agriculture, des pêcheries et de l'alimentation :

- dispose des compétences en matière d'agriculture, pêcheries et alimentation.

La Commission de l'aménagement du territoire :

- dispose des compétences en matière de collectivités locales, aménagement, habitation, loisirs.

La Commission de l'éducation :

- dispose des compétences en matière d'éducation, formation professionnelle et protection du consommateur.

La Commission de la culture :

- dispose des compétences en matière de culture, communication, communautés culturelles, immigration et relations avec les citoyens.

La Commission des transports et de l'environnement :

- dispose des compétences en matière de transports, travaux publics, environnement et faune.

En consultant le site Internet de l'Assemblée nationale du Québec à l'adresse *www.assnat.qc.ca*, on peut trouver la liste des titulaires des fonctions parlementaires ainsi que celle des membres des commissions.

3.3 LE FONCTIONNEMENT ET LA PROCÉDURE DES COMMISSIONS PARLEMENTAIRES

Les séances des commissions

Selon les informations disponibles dans la documentation officielle du gouvernement, les commissions se réunissent généralement :

- le lundi de 14 h à 18 h ;
- du mardi au jeudi de 9 h 30 à 18 h (avec suspension de 12 h 30 à 14 h) ;
- le vendredi de 9 h 30 à 12 h 30.

Pendant les sessions intensives (du 25 mai au 23 juin et du 25 novembre au 21 décembre), les commissions siègent :

- de 10 h à 24 h du lundi au vendredi avec suspensions de 13 h à 15 h et de 18 h à 20 h.

Il faut cependant noter que les horaires sont régulièrement perturbés à cause des débats qui ont lieu en Chambre.

Les types de séances • Les commissions peuvent tenir des séances publiques ou à huis clos, ou encore des séances de travail. Dans les faits, les séances des commissions sont publiques, sauf lorsqu'il s'agit de séances de travail ou si la majorité des membres de chaque groupe parlementaire d'une commission adopte le huis clos.

La convocation • La convocation des commissions se fait sur avis du leader du gouvernement, généralement au cours d'une séance de l'Assemblée, à la période des affaires courantes.

Le quorum • Le quorum d'une commission est fixé au tiers de ses membres. Cependant, si le quorum est nécessaire pour l'ouverture d'une séance et pour la validité d'un vote, il est présumé exister une fois la séance commencée.

C'est ainsi qu'on assiste souvent à un va-et-vient des députés en cours de séance, mais il ne faut pas s'en surprendre ou se laisser distraire. En fait, un défaut de quorum peut être signalé par un des membres de la commission ou constaté par le résultat d'un vote. Le président peut alors décider de suspendre la séance le temps que le quorum se rétablisse ou tout simplement lever la séance si le quorum n'est pas rétabli dans un délai raisonnable.

Il n'est pas rare non plus de voir des députés se faire remplacer par un collègue pour l'examen d'un sujet particulier ou encore pour une séance donnée. Le remplacement n'est cependant pas autorisé lorsqu'une commission examine l'opportunité de se saisir d'un mandat.

Les droits des membres • Finalement, tous les membres d'une commission ont le droit de débattre, d'interroger des témoins, de présenter des motions et de voter. Tous les députés peuvent participer aux commissions qu'ils désirent, mais s'ils ne sont pas membres de la commission, ils n'ont alors pas droit de vote.

La procédure générale des commissions

Le dépôt de documents • Avec la permission du président, un membre d'une commission peut déposer un document. Il n'est donc pas nécessaire d'obtenir le consentement unanime (comme c'est le cas à l'Assemblée nationale) des membres de la commission pour ce faire. Par conséquent, le président peut aussi accepter le dépôt de mémoires d'organismes ou d'individus qui n'ont pas été entendus lors des audiences. Les documents doivent cependant répondre à certains critères tels que porter une signature, un nom ou un correspondant permettant d'en attester l'origine.

Les décisions • Les décisions d'une commission sont prises à la majorité et sur présentation d'une motion par un de ses membres.

Le rapport de la commission • Une fois l'examen d'une affaire terminé, la commission doit faire un rapport et le déposer à l'Assemblée nationale. Ce rapport comprend généralement le procès-verbal des séances de ses travaux et, le cas échéant, ses observations, conclusions et recommandations. Aucun amendement ne peut y être apporté.

Les rapports de commissions sont publics à compter de la date de leur dépôt à l'Assemblée ; il peut cependant arriver qu'un rapport soit dévoilé en conférence de presse avant son dépôt, mais il restera sous embargo jusqu'à son dépôt officiel.

3.4 LA CONSULTATION EN COMMISSION PARLEMENTAIRE

Comme nous l'avons vu, une commission peut être chargée par l'Assemblée de tenir une consultation publique ou le faire de sa propre initiative. Les personnes et organisations qui ont une opinion à émettre sur le sujet à l'étude ont ainsi l'opportunité d'être entendues. C'est notamment à partir de ces témoignages que les députés qui siègent à la commission émettront des recommandations, des observations et des conclusions dans leurs rapports à l'Assemblée.

Les types de consultations

Il existe deux types de consultations :

- les consultations générales qui s'adressent à l'ensemble de la population et des organisations. Elles font obligatoirement l'objet d'un avis public ;

- les consultations particulières qui sont limitées à certaines organisations ou personnes choisies par la commission ou par l'Assemblée pour leur expertise ou leurs connaissances relatives à la question traitée.

L'avis de consultation

Lors de la tenue d'une consultation générale, le secrétaire d'une commission doit faire paraître un avis dans la *Gazette officielle du Québec* et dans les principaux quotidiens. Cet avis mentionne le sujet, la date à laquelle débutent les auditions, les modalités de présentation des mémoires et le délai accordé pour leur transmission au Secrétariat de la commission. Généralement, le délai pour déposer un mémoire est fixé à trente jours (minimum) suivant la publication de l'avis.

On peut aussi s'informer de la tenue d'une consultation en monitorant les travaux des commissions sur le site Internet de l'Assemblée sous les rubriques *Les travaux des commissions* et *Avis de consultation générale*.

Les invitations aux auditions publiques

Une commission prend connaissance des mémoires reçus. Dans le cadre d'une consultation générale, c'est ici qu'elle détermine si elle entendra l'ensemble des personnes et des organismes qui ont fait parvenir un mémoire ou si elle entendra seulement un certain nombre d'entre eux. La commission prend sa décision en fonction du nombre et de la pertinence des mémoires qui lui sont soumis. Évidemment, plus votre organisation est considérée comme incontournable, meilleures sont vos chances d'être invité en audition.

Dans le cas d'une consultation particulière, la commission fixe également les règles du jeu et elle invite des organisations et des individus déterminés (par elle ou l'Assemblée) à participer. Elle peut aussi exiger de ces derniers le dépôt d'un mémoire.

Le temps accordé aux présentations

Généralement, le temps imparti pour une présentation diffère selon qu'il s'agit d'un individu ou d'une organisation. Le temps alloué aux organisations est de quarante-cinq minutes, soit une période de quinze minutes pour la présentation, suivie de quinze minutes d'échanges avec le ministre et les députés du gouvernement et de quinze minutes de discussion avec les autres députés membres de la commission.

Dans le cas d'un individu, le temps alloué pour la présentation est de trente minutes réparties comme suit : dix minutes pour la présentation, dix minutes d'échanges avec la partie ministérielle et dix minutes avec l'opposition.

Ce n'est pas long pour traiter de l'ensemble d'un projet de loi, d'autant plus que l'interlocuteur entendra ou aura entendu plusieurs présentations au cours de la journée. C'est pourquoi, comme nous le verrons en détail plus loin, il importe de choisir les principaux points sur lesquels on désire mettre l'accent, être clairs et concis, et ne pas hésiter à marteler le message-clé.

Être entendu

Outre ces technicalités, quelques actions supplémentaires s'imposent afin de maximiser les chances d'être entendu et de pouvoir influencer l'issue des travaux.

- Dès que l'on prend connaissance de l'imminence du dépôt d'un projet de loi qui nous préoccupe, on doit signifier au ministre concerné, préférablement par lettre, que l'on désire être entendu lors des audiences. Cette lettre devra exprimer clairement la demande d'être entendu en commission de même que les raisons principales la justifiant : expertise particulière, opinion complémentaire et différente des autres parties en cause, représentativité ou notoriété de votre organisation, etc.

- Il est également suggéré d'acheminer votre demande d'audition en copie conforme au critique officiel de l'opposition dans la matière concernée, voire au secrétaire, au président ou encore aux députés qui siègent à la commission si vous y avez des alliés. Ces alliés peuvent être des députés que vous connaissez ou avec lesquels vous avez un lien ou encore des députés qui ont déjà manifesté publiquement leur intérêt pour la cause que vous portez (déclaration dans les médias, dépôt de pétition, allocution, etc.).

La remise du mémoire

Nous reprenons en détail, dans d'autres chapitres, le contenu du mémoire et le développement de l'argumentaire qu'il doit contenir. Voici néanmoins quelques formalités exigées.

- Aucune règle ne dicte la forme de mise en pages, la taille ou le style d'écriture que doit avoir un mémoire. Il est cependant suggéré de déposer un document lisible et agréable à lire pour capter l'attention du lecteur qui, rappelons-le, en aura plusieurs autres à lire.
- Le mémoire doit contenir les renseignements qui permettront au secrétaire de la commission d'en accuser réception et, si applicable, de vous convoquer en audition.
- Les informations requises sont les suivantes: nom de la personne ou de l'organisme signataire du mémoire, son adresse complète, ses numéros de téléphone et de télécopieur ainsi que le nom et les coordonnées de la personne responsable du dossier.
- Le mémoire devrait normalement comporter trois parties: la présentation de l'auteur, l'exposé général et le résumé.

- Un résumé doit obligatoirement accompagner les mémoires de plus de dix pages. Le mémoire et le résumé doivent être de format lettre (8 1/2 sur 11 pouces). Notons que, même si le résumé n'est pas obligatoire pour les mémoires de moins de dix pages, il est souvent préférable d'en inclure un qui reprend les éléments-clés de votre position.
- Le mémoire et son résumé (accompagnés de préférence d'une lettre de présentation mentionnant explicitement que vous désirez être entendu) doivent être acheminés en vingt-cinq exemplaires au secrétaire de la commission, avant la date d'échéance fixée.
- Même si vous effectuez un envoi par télécopieur ou par courrier électronique, vous devez quand même envoyer vingt-cinq exemplaires (papier) de votre mémoire avant l'échéance.
- Si vous désirez que le mémoire et le résumé soient transmis à la Tribune de la presse, il vous faut ajouter à l'envoi vingt exemplaires supplémentaires.
- Les films et les bandes vidéos accompagnant un mémoire sont acceptés, mais ils devraient idéalement être accompagnés d'une transcription pour faciliter leur retranscription au journal des débats en cas d'audience.

La convocation à une audition

Si vous consultez les informations contenues sur le site Internet de l'Assemblée nationale, vous noterez que la convocation devrait vous parvenir au moins sept jours avant la tenue de l'audition. Dans la vraie vie, très souvent, vous ne serez convoqué qu'à peine 24 heures à l'avance, par un coup de fil du secrétariat de la commission… Soyez donc prêt à toute éventualité de ce genre.

Notons qu'il est de mise de confirmer votre présence par écrit (incluant télécopie et courrier électronique) le plus rapidement possible au secrétaire de la commission en lui indiquant le nom et la qualité des personnes qui seront présentes lors de l'audition.

Chapitre 4
La présentation en commission parlementaire : avoir du punch !

Le discours, c'est ce qui distingue la personne humaine de l'animal et le démocrate de la brute.

Françoise Giroud

LA PRÉSENTATION EN COMMISSION parlementaire est un art qui s'acquiert et s'affine. Certains observateurs pourront avoir l'impression qu'il s'agit là d'un exercice très facile et que le fait d'être bon orateur ou de faire preuve d'une logique cartésienne implacable suffit pour obtenir gain de cause. Or, nous l'avons noté précédemment, il y a plusieurs siècles qu'Aristote a démontré l'inexactitude de cette croyance.

Les présentations en commission parlementaire sont des occasions privilégiées d'exercer une influence sur les projets de loi des gouvernements. Chaque année, des centaines d'organisations font valoir leur point de vue lors des audiences publiques des commissions. Toutefois, seule une faible proportion réussit à obtenir les changements souhaités.

Plusieurs raisons peuvent être à l'origine de cet état de fait. Certaines organisations échouent et, par la même occasion, entachent leur réputation parce qu'elles ont omis de se préparer adéquatement. D'autres n'ont qu'un effet soporifique sur leurs auditeurs à cause du caractère hautement académique et théorique de leur prestation. D'autres encore présentent un argumentaire mal ficelé, peu structuré et incompréhensible. Ou encore, dans le pire des cas, les décisions du gouvernement sont déjà prises à l'avance et sont immuables...

C'est ainsi qu'un trop grand nombre d'organisations investissent temps et argent dans la préparation de leurs présentations pour aboutir à un score nul au terme de l'exercice. Pourtant, lorsqu'on observe le tout attentivement, on constate souvent qu'il leur suffirait d'un petit quelque chose de plus, de quelques techniques simples pour donner du panache à leur présentation et atteindre leur cible.

Ce chapitre a donc pour but de vous présenter quelques trucs et astuces qui vous permettront de maximiser votre impact et vos chances d'atteindre vos objectifs en commission parlementaire.

4.1 La présentation : cinq nouvelles astuces

Une fois le mémoire et la demande d'audition acheminés aux autorités de la commission, celle-ci décidera si elle vous entendra et vous enverra une invitation. Nous avons vu au chapitre 3 comment maximiser vos chances d'être invité. Nous avons également fait le tour des techniques qui vous permettront de forger un argumentaire convaincant dans votre mémoire au chapitre 2. Une fois votre mémoire complété et votre invitation reçue, voici une série de petites astuces pour améliorer la qualité de votre présentation.

Astuce n° 13

Distinguez votre discours de votre mémoire.

☞ *Le mémoire est le document que vous envoyez au préalable à la commission. Chacun des membres en prend connaissance avant votre présentation. Ils sont déjà orientés sur votre position avant que vous n'arriviez. Il n'est donc pas conseillé que votre allocution se limite à la lecture de votre mémoire, cela ne ferait qu'augmenter les risques que l'on ne vous écoute tout simplement pas.*

Par ailleurs, si votre mémoire est volumineux, vous devez le condenser dans votre discours, car le temps qui vous est accordé n'est que de dix ou quinze minutes — selon que vous vous présentez en tant qu'individu ou comme représentant d'une organisation. Choisissez les trois ou quatre messages-clés que vous désirez faire passer et tenez-vous-en à cela.

De plus, l'oral et l'écrit sont deux choses différentes. Certains de vos interlocuteurs sont plus auditifs alors que d'autres sont plus visuels. D'où l'importance d'adapter le contenu de votre mémoire à la parole : simplifiez vos phrases, faites-les plus courtes, essayez de trouver plusieurs figures de rythme, ponctuez votre discours de questions que vous adressez à l'auditoire, etc. Le discours comporte une charge émotive. Il se distingue ainsi de l'écrit. C'est la même différence que l'on retrouve entre le texte d'un auteur et la prestation du comédien qui la joue. En bref, « rédiger (un discours), c'est traduire sous une forme écrite un message d'abord imaginé en langue orale, avec sa charge émotive[1]. »

Dans votre discours, votre objectif est d'attirer l'attention sur les parties qui sont importantes, sur vos messages-clés. N'hésitez donc pas à y insérer aux endroits indiqués des phrases dans le style *« Et je le répète, M. le Président »*, *« Et permettez-moi de le souligner, M. le Président »*, *« Et j'insiste, M. le Président »*, *« Et c'est important, M. le Président »*. C'est une technique souvent utilisée et qui a fait ses preuves.

Enfin, comme vous ne pourrez probablement pas apprendre votre discours par cœur, voici quelques conseils pour vous faciliter la vie :

- faites imprimer le texte de votre discours en format 14 ou 16 points (grosseur des caractères), à double interligne, sans oublier, bien sûr, de le paginer ;
- faites de même pour les exemplaires que vous remettrez aux membres de la commission, ces derniers auront plus de facilité à vous suivre ;
- ne justifiez pas le texte des deux côtés (c'est-à-dire à gauche et à droite), sélectionnez l'alignement à gauche, car il sera plus facile de vous repérer sur votre page si jamais vous perdez le fil ;
- ajoutez des repères pour démarquer les parties les plus importantes (surlignage en jaune par exemple) ; vous saurez ainsi où mettre l'emphase pendant votre lecture.

---

1. Jean Dumas. *Séduire par les mots*. Montréal, Les Presses de l'Université de Montréal, 2001, p. 43.

ASTUCE N° 14

CONTRÔLEZ LA PÉRIODE DE QUESTIONS.

Empêcher les autres de parler, c'est ce qu'on appelle l'éloquence.

Aflred Capus

☞ ***Une période d'échanges et de questions de trente minutes (ou de vingt minutes pour les individus) suit votre allocution. C'est à ce moment-là que le ministre et les députés présents (tant ceux de l'opposition que du gouvernement) vont critiquer votre position. Votre capacité d'influence est toute aussi cruciale ici. Quelques moyens vous aideront à contrôler au maximum le déroulement de cette période.***

- Allez vous-même ou envoyez quelques espions assister à d'autres présentations pour noter les questions qui sont posées tant par les députés du gouvernement que par ceux de l'opposition. Vous remarquerez que, dans 80 % des cas, les mêmes questions vous seront posées à vous. Vous pourrez ainsi mieux préparer vos réponses et profiter de la situation pour marteler votre message.
- Lorsqu'un député ou le ministre commence à vous parler, ayez votre crayon en main et prenez des notes. Les députés ont tendance à s'engager dans de longues tirades oratoires et sont capables de vous lancer quatre ou cinq questions dans une même phrase. Ainsi, vous pourrez répondre à l'ensemble des questions posées de façon méthodique et plus affirmée: «*Sur la première question, je tiens à réitérer que…, pour répondre à la deuxième question…, etc.*». Vous pourrez aussi commenter les réflexions qu'ils font. Finalement, vous vous assurerez de ne pas laisser d'interrogations ou de réflexions en suspens, tout en maximisant votre temps de parole.
- Suggérez, avant votre présentation et en privé, des questions aux députés. Pour identifier les députés à approcher, contactez ceux que vous

connaissez ou, à défaut, effectuez vos recherches pour repérer ceux dont la position se rapproche de la vôtre.

- Vous n'êtes pas tenu de répondre à toutes les questions. Particulièrement si la question est compromettante ou si vous n'avez tout simplement pas de réponse à y apporter. Au pire, offrez au président de la commission de faire parvenir un complément d'information aux membres de la commission. Cela dit, vous devez profiter de votre temps de parole pour continuer de marteler vote message. Aussi, vous pouvez utiliser une formulation du style : «*C'est là une question très intéressante M. le Président; cependant, nous pensons que le plus important, c'est... (poursuivre avec votre message)*», «*En effet, comme nous l'avons dit tantôt... (votre argument)*» ou encore «*C'est intéressant, mais je pense qu'au-delà de ça, on doit... (votre message)*». Il vaut toujours mieux ne pas répondre à une question en l'esquivant habilement que de répondre n'importe quoi...

ASTUCE N° 15

NE NÉGLIGEZ PAS LE NON-VERBAL.

☞ ***En communication, le langage non verbal occupe une place importante. Mélodie, rythme et harmonie : pour que la musique suscite un intérêt, il faut qu'elle allie ces trois composantes. De la même façon, dans l'univers de la communication, pour qu'une phrase suscite un intérêt, il faut plus qu'un simple alignement de mots dans un discours. Il faut qu'elle transmette une impression, une émotion. Or, il est possible de jouer avec les intonations, avec les temps de pause, les rythmes et la vitesse du débit.***

La prononciation est un premier élément à considérer. Si vous mâchez vos mots, il y a peu de chances que vous soyez compris et que votre interlocuteur s'intéresse à ce que vous dites. Il en va de même pour le débit qui doit faciliter la compréhension. Vous pourrez jouer avec ce dernier en l'accélérant dans une énumération pour transmettre une impression d'importance, d'exaspération ou encore de non-sens par exemple.

Le texte parlé doit refléter votre « intérieur », votre position concernant ce que vous dites. Lorsque vous prononcez un mot, on doit y capter une émotion ou une impression pour que son sens plus large soit pris en compte et qu'il ait la portée souhaitée. Par exemple, une impression de conviction découlera de la façon dont vous accentuerez les mots-clés. Si, dans votre ton, vous mettez l'emphase sur ce que vous êtes en train de dire, il y a de fortes chances qu'il en sera de même avec l'écoute que l'on vous portera à ce moment précis. Par ailleurs, ponctuer votre discours de pauses permettra à l'auditoire de réfléchir et de se situer.

La gestuelle accompagne le discours et peut aussi permettre la transmission du message. Par exemple, si vous souhaitez démontrer l'aberration de quelque chose, vous pourrez vous prendre la tête en disant : «*Je ne peux pas croire, M. le Président, que le gouvernement souhaite faire une telle chose.*» Si vous citez l'étude d'un spécialiste ou la déclaration d'un politicien dans un journal, vous pouvez brandir le document ou le journal.

ASTUCE N°16

PRÉPAREZ-VOUS.

☞ ***La préparation est essentielle, voire cruciale. Nombre d'organisations subissent des échecs parce qu'elles sont mal ou tout simplement pas préparées. Ne tombez pas dans le panneau et soyez donc toujours prêts !***

Une bonne préparation porte sur plusieurs aspects. Le premier consiste à identifier un et un seul porte-parole. Même si vous vous présentez à plusieurs, vous devez désigner une personne qui assumera la fonction de porte-parole. Généralement, c'est ce dernier qui lira le discours en entier et qui répondra aux questions des membres de la commission.

Nous voyons souvent des organisations où les personnes présentes à l'audition se partagent le discours. Ceci n'est pas, à notre avis, une bonne stratégie. Outre l'aspect profondément ennuyeux de la chose, cela peut miner la force et la crédibilité de votre organisation. Voici quelques exemples de questions qu'une telle stratégie peut susciter : Pourquoi le président d'une organisation, qui commence son discours, ne le termine-t-il pas ? Est-ce parce qu'il ne possède pas son dossier en entier ? À qui les questions seront-elles adressées si deux ou trois orateurs se partagent le discours ? Comment s'assurer qu'une question est adressée à la personne la mieux placée pour répondre ? Avouons qu'il est embêtant de se faire poser directement une question et de montrer que l'on ne peut y répondre en passant la parole à une autre personne qui à son tour la refile à une autre et ainsi de suite... En plus d'être la preuve évidente d'un cafouillage, cela n'est pas très convaincant.

Il faut noter, cependant, qu'il est d'usage que le porte-parole désigné demande à ses accompagnateurs de compléter une réponse qu'il vient de donner. Cela permet de garantir que la personne la mieux placée pour ce faire pourra désigner parmi ses accompagnateurs, le mieux placé pour répondre. En d'autres termes, vous exercerez un meilleur contrôle sur la période de questions tout en paraissant solide, bien documenté et crédible. Généralement, cela se fait de façon habile par des formulations du style : « *M. le Président, cette question est effectivement importante. Elle revêt certains aspects techniques et, si vous me le permettez, je demanderais à mon collègue X d'expliquer aux membres de la commission ce qu'il est en exactement...* » ; ou encore, après avoir donné une brève réponse générale : « *Mais je laisserais mon collègue compléter ma réponse...* ».

Malgré tous vos efforts pour laisser le contrôle au porte-parole, il peut arriver qu'un membre de la commission s'adresse directement à une des personnes présente. Le porte-parole doit alors reprendre subtilement le contrôle de la situation en répondant d'emblée, même s'il n'était pas interpellé. Il peut le faire avec des formules du genre « *Votre question est pointue, je ne suis pas certain que nous sommes en mesure de vous répondre avec précision et ce qu'il importe de retenir...* ».

Par ailleurs, afin de vérifier que votre allocution respecte le temps qui vous est alloué, exercez-vous avant et minutez-vous. Profitez de l'occasion pour répéter devant quelques personnes qui pourront vous indiquer ce qu'elles retiennent et ce qui n'est pas clair. Vous pourrez donc ensuite apporter les correctifs nécessaires avant votre présentation.

Dernier élément de préparation: les questions et les réponses. Il s'agit en fait de vous préparer en pensant aux questions qui pourraient être posées et de planifier les réponses qui pourraient y être données.

Une bonne façon de compléter cette préparation et d'éviter de vous retrouver devant des questions auxquelles vous n'auriez pas pensé, est d'aller assister à quelques auditions d'autres groupes avant votre présentation. Vous remarquerez, en effet, que souvent, les membres d'une commission posent exactement les mêmes questions aux différentes organisations, comme nous l'avons noté à l'astuce 14.

Pour bien illustrer l'importance des actions décrites dans les astuces n° 13 à 16, voici un exemple qui, selon nous, est à éviter si vous souhaitez maximiser vos chances de marquer des points. Il s'agit d'un extrait de la présentation de la Communauté métropolitaine de Montréal devant la Commission permanente de l'aménagement du territoire, dans le cadre d'un mandat d'initiative de la Commission sur les enjeux reliés à la rareté des logements sociaux et abordables. Nous avons eu l'occasion de visionner cette présentation. Notons en premier lieu que la vitesse à laquelle les porte-parole ont débité leur texte rendait ce dernier difficilement compréhensible pour l'auditeur. Les orateurs semblaient tellement préoccupés par le fait de pouvoir insérer leur discours dans le temps prescrit qu'ils semblaient en avoir oublié les idées pour lesquelles ils étaient là. Sans compter que le discours s'avérait être un texte «littéraire», empreint de longues énumérations et de nombreuses séries de chiffres qui se succédaient à une vitesse vertigineuse. Malheureusement, il faut visionner le tout pour bien en saisir les subtilités. Nous avons toutefois souligné et annoté certains des éléments sur lesquels nous avons jugé important de mettre l'accent :

« **La Présidente (Mme Doyer) :** M. Prescott, je vous fais remarquer qu'il vous reste deux minutes.

M. Prescott (Michel) : Bon. Alors, écoutez, je vous ai donné la liste des mesures qui sont envisagées. Je peux m'arrêter là. Pour ce qui est du reste, ce sont des commentaires incidents, pourrait-on dire. Alors, je m'arrête là, madame.

La Présidente (Mme Doyer) : Ça va. Alors, Mme la députée de La Pinière.

Mme Houda-Pepin : Merci beaucoup. J'aurais aimé que vous puissiez terminer. Vous aviez quand même deux minutes, et, si vous voulez le reprendre, ou quelqu'un d'autre, prendre le deux minutes pour peut-être déjà aller sur les mesures elles-mêmes, peut-être les expliquer davantage. J'aimerais que vous repreniez vos deux minutes.

M. Prescott (Michel) : Bien, écoutez, je vais conclure. Dans le cadre de l'aménagement des villes de la région métropolitaine de Montréal qu'il rendait public en 2001, le gouvernement du Québec invite la Communauté à assurer le maintien des logements abordables sur son territoire. La Communauté partage cette préoccupation, puisqu'un marché de logements locatifs abordables et équilibrés est nécessaire afin d'assurer la qualité de vie de la population.

La stratégie d'intervention préconisée par la Communauté métropolitaine fait appel aux actions suivantes : les mesures fiscales, dont je viens de faire l'énumération, des mesures pour favoriser l'accès à la propriété. Alors, parmi les moyens complémentaires qui pourraient permettre de résoudre plus efficacement la pénurie de logements locatifs, la Communauté propose de mettre en place des mesures favorisant l'accession à la propriété pour les ménages locataires. Elles s'ajouteraient à celles offertes par les municipalités et dont le financement serait assuré par le bénéfice net du plan de relance proposé.

Ce que je n'ai pas dit tout à l'heure, c'est que les coûts des mesures fiscales sont de 40 millions, mais les revenus incidents à la production des logements locatifs privés seraient de 55 millions, pour, donc, à toutes fins pratiques un gain net pour les gouvernements supérieurs de 15 millions. Alors, c'est ce 15 millions qui pourrait servir à financer, si on veut, des mesures favorisant l'accès à la propriété.

Nous pensons également qu'un fonds d'investissement donc pourrait participer... La Communauté pourrait, par exemple, participer à un fonds d'investissement qui permettrait de financer la rénovation d'unités de logement locatif existantes qui seraient destinées à du logement abordable.

Je pense que d'autres intervenants devant la commission ont fait état de la nécessité pour le gouvernement du Québec de majorer les coûts de réalisation maximums des projets d'Accès Logis, des projets de logement abordable. Alors, on en fait état également dans notre mémoire. C'est une mesure qui est absolument nécessaire si on veut réaliser le plan assez ambitieux, notamment dans la région, de réalisation, à Montréal seulement, de 5000 logements sociaux et abordables. À l'intérieur de la communauté, c'est plus large, c'est plus grand que ça. Je ne sais pas, c'est 6000 au moins, je pense bien. Il faudra donc que le Conseil du trésor accepte enfin de majorer les coûts maximums.

La Présidente (Mme Doyer) : Mme la députée de La Pinière.

Mme Houda-Pepin : Merci beaucoup, Mme la Présidente. Alors, M. Boyer, M. Prescott, M. Iezzoni et M. Lafortune, bienvenus à la commission, merci pour la présentation de votre mémoire. En fait, ce que vous avez fait dans votre mémoire, c'est que, d'abord, vous avez situez un peu la crise du logement sur votre territoire. Et puis vous nous avez dit : le gouvernement doit continuer à investir parce que c'est utile et nécessaire, mais, en fait, pour revenir à l'équilibre et faire fonctionner le marché avec un niveau de taux d'inoccupation raisonnable, il faut absolument que l'on puisse prendre les grands moyens et les grands moyens, c'est les mesures fiscales. C'est bien ça, finalement, votre analyse, résumée sommairement ? Évidemment, vous en avez dit beaucoup mais, dans le mémoire, je vais y revenir[2]. »

On note donc que c'est une membre de la Commission qui doit conclure elle-même à la place des représentants concernés et résumer les idées générales de la présentation...

2. Assemblée nationale du Québec, *Journal des débats*, Commission permanente de l'aménagement du territoire, cahier n° 53, 15 octobre 2002, p. 25-34.

ASTUCE N° 17

MAÎTRISEZ LE PROTOCOLE ET LES RÈGLES NON ÉCRITES.

La présentation en commission parlementaire représente un exercice important de démocratie. Aussi, sans être d'un sérieux qui risquerait de faire sombrer votre auditoire dans l'ennui le plus total, il est préférable de connaître certaines règles non écrites du protocole qui entoure ces travaux parlementaires.

Quelques règles non écrites dictent la conduite que l'on doit avoir lors d'une présentation en commission parlementaire :

- d'abord, il est de mise de remercier le président et les membres de la commission pour avoir l'opportunité d'être entendus ;
- il est aussi d'usage de toujours s'adresser au président ; cette convention est valable pour toute la durée des échanges ;
- de la même façon, on évitera de s'adresser aux députés ou aux ministres en les désignant par leur nom de famille. On utilisera des formulations telles que « *madame la Députée* » ou « *madame la Ministre* ». Ainsi, on dira par exemple : « *Monsieur le Président, pour répondre à la question de la Députée, ...* » ;
- c'est le président qui octroie les droits de parole. Aussi, vous ne devrez répondre aux questions qu'au moment où le président vous indiquera de le faire ;
- enfin, il est de rigueur de se présenter ainsi que de nommer les personnes qui vous accompagnent et de les qualifier avant de commencer l'allocution.

Voici un exemple qui recèle quelques lacunes en matière de protocole. Il s'agit d'une présentation de l'Association canadienne des restaurateurs et des services alimentaires — Groupe consultatif du Québec lors des auditions de la Commission de l'économie et du travail portant sur le projet de loi n°182, *Loi modifiant le Code du travail, instituant la Commission des relations du travail et modifiant d'autres dispositions législatives*, en 2001. Dans cet exemple, le porte-parole de l'association conclut sur une note ironique. Une partie de son argumentation reposait sur le fait que le gouvernement devait alléger la réglementation des PME et ne pas l'alourdir avec de nouvelles dispositions dans le *Code du travail*. Notons que sa conclusion n'est pas mauvaise, en ce sens qu'il souhaitait montrer que, comme entrepreneur, il devait consacrer beaucoup de temps à l'observance des différentes lois plutôt qu'à faire fructifier son commerce. Vous remarquerez que la ministre du Travail de l'époque, Diane Lemieux, n'avait pas semblé apprécier. De plus, n'étant probablement pas familier avec le protocole, il s'est fait rappeler à l'ordre par la Présidente alors qu'il tentait de prendre la parole sans que la Présidente ne la lui ait donnée et parce qu'il interrompait la ministre alors qu'elle avait la parole.

> «**La Présidente (Mme Carrier-Perreault):** En conclusion, s'il vous plaît...
>
> Le porte-parole y va de sa conclusion colorée...
>
> **M. Dumoulin: (...)** Je suis heureux du temps alloué, je vous remercie beaucoup de m'avoir écouté. Et il ne faudrait pas perdre trop de temps parce que, là, mon comité sur l'équité salariale siège actuellement, le comité sur la prévention des lésions corporelles se rencontre dans une heure, il faut que je passe la soirée à remplir les formulaires qui justifient le 1 % des revenus dépensés en formation, j'ai au moins cinq, six heures à passer cette semaine à remplir des formulaires de déclaration de pourboires, je gère déjà le dossier de la TPS et de la TVQ pour le compte du gouvernement, et gratuitement, et puis, s'il me reste un peu de temps, j'aimerais bien ça voir s'il n'y aurait pas un ou deux clients à servir pendant que les employés siègent sur les comités.
>
> **La Présidente:** C'est à peu près tout le temps que vous aviez pour terminer votre mémoire. Je présume que vous avez terminé.
>
> **M. Dumoulin:** Oui.

La Présidente: Alors, on va vous retenir encore un petit peu parce qu'on va passer à la période d'échanges. Alors, Mme la ministre.

La ministre commente la conclusion — pas très appréciée — du porte parole…

Mme Lemieux: Alors, merci, M. Dumoulin. Je salue aussi les gens qui vous accompagnent. Je vais être bien honnête avec vous, je vous ai suivi jusqu'à la fin, mais, à la fin... Écoutez, on vit en société et, oui, il y a des choses que vous devez moins aimer dans ce que vous faites. Mais une société, ça a des règles du jeu, ça doit s'occuper des personnes aussi. Et ce qui me trouble dans votre présentation, M. Dumoulin, c'est... Bon, visiblement, vous n'êtes pas un volontaire heureux, hein. Vous étiez un volontaire, vous êtes... mais vous n'êtes pas un volontaire heureux. Vous ne le serez peut-être pas plus en partant. Mais, en fait, vous dites essentiellement: On est dans une industrie très réglementée, une industrie qui doit beaucoup investir, une bonne portion de ses coûts concernent les coûts de main-d'œuvre ? évidemment, c'est du service que vous vendez; vous vendez évidemment aussi des produits, mais vous vendez aussi du service ? une rentabilité qui est marginale, une rentabilité la plus faible au Canada, il y a eu des baisses d'investissements. Je ne veux pas être sarcastique, là, mais je suis obligée un peu de reprendre ça au vol, de la manière dont vous avez conclu. Et ce que j'entends là, c'est que tout ça est de la faute des syndicats, là.

M. Dumoulin prend la parole sans l'autorisation de la Présidente…

M. Dumoulin: Absolument pas.

La ministre tente de poursuivre…

Mme Lemieux: Bien non...

M. Dumoulin coupe la ministre:

M. Dumoulin: Ce n'est pas les syndicats qui ont passé les lois...

Et la présidente de le remettre à l'ordre:

La Présidente: À l'ordre! M. Dumoulin[3]. »

3. Assemblée nationale du Québec, *Journal des débats*, Commission permanente de l'économie et du travail, cahier n° 113, 27 février 2001, p. 35-37.

4.2 Avant et après la présentation : trois astuces supplémentaires

Un bon mémoire et une présentation impeccable ne suffisent pas pour gagner une cause. Ils doivent être entourés d'une série d'actions permettant de maximiser leur portée.

ASTUCE N° 18

Faites-vous des alliés.

☞ *L'union fait la force, dit-on. C'est d'autant plus vrai en relations gouvernementales. Il peut, en effet, s'avérer très rentable de travailler activement à rallier le maximum de gens à votre cause. Aussi, on considérera ces alliances sous plusieurs aspects.*

Les organisations alliées • Il peut s'avérer stratégique de vous entendre avec certaines organisations, qui revendiquent les mêmes points que vous, pour présenter le même type d'argumentaire dans votre mémoire. Cette tactique vous permet de marteler sensiblement le même message de façon unanime.

Les coalitions • Une alliance peut aussi prendre la forme d'une coalition — association temporaire — qui n'existera que pour le temps du débat en cause. On voit souvent des organismes unir leurs voix pour faire front commun et revendiquer telle ou telle chose (par exemple, les coalitions patronales ou syndicales). Il faut toutefois préciser que de telles coalitions doivent demeurer occasionnelles, sinon vous risquez de noyer votre organisation dans la masse et de ne pas maintenir votre propre visibilité sur la place publique.

Les alliés « d'opportunité » • Nous entendons par là les alliés qu'il peut être opportun de s'adjoindre pour toucher plus précisément la cible visée. Par exemple, si vous êtes d'une organisation qui représente des ingénieurs et que vous vous opposez à un projet de loi concernant les transports, vous pouvez avoir intérêt à vous unir avec des associations de cyclistes, de citoyens, ou des associations environnementales pour défendre votre point de vue. Cette alliance vient accroître la portée et l'étendue de votre voix. N'oubliez pas que les politiciens sont particulièrement sensibles lorsqu'un sujet comporte des enjeux qui se comptent en nombre d'électeurs.

Les alliés de la «machine» • On désigne par là l'appareil administratif, les fonctionnaires. Ces derniers sont des décideurs-clés et ont une importance tout aussi cruciale que le politique. Solliciter des rencontres avec les hauts fonctionnaires (sous-ministres et directeurs) pour exposer votre point de vue peut s'avérer un excellent investissement et avoir davantage d'influence sur l'issue d'un dossier qu'une rencontre avec un ministre. Rappelez-vous que, si la machine n'est pas de votre côté, vos chances de succès sont minces car, au Québec, le vrai pouvoir ne se situe pas toujours dans les mains d'un ministre, mais chez les hauts fonctionnaires. Un bon spécialiste en relations gouvernementales vous accompagnera dans ce genre de démarches et vous aidera à identifier les décideurs-clés de l'appareil gouvernemental.

Les alliés politiques • Outre le ministre concerné et son personnel de cabinet à qui il est souhaitable de présenter votre position, les députés d'un parti ne sont pas à négliger. À cet effet, une sensibilisation du caucus des députés de votre région (caucus régional) peut représenter un bon investissement. Vous aurez l'avantage d'y retrouver des députés qui sont responsables d'autres ministères et qui pourront prendre fait et cause pour vous lors des discussions du conseil des ministres. De plus, les partis politiques discutent avec leur caucus des orientations gouvernementales. Le caucus peut donc aussi exercer une influence sur l'issue de dossiers importants. Si des députés plaident en votre faveur, vos chances sont encore plus grandes.

ASTUCE N° 19

« Attachez-vous avec » l'opposition.

☞ ***Il importe de tenir compte de l'opinion de l'opposition dans votre argumentation — d'autant que tous les politiciens, y compris ceux de l'opposition, vont chercher à gagner des appuis partout où ils le peuvent.***

Par ailleurs, les amendements, l'adoption à l'unanimité de projets de loi, les délais occasionnés par une opposition réticente (débats interminables) sont autant d'éléments qui donnent lieu à des négociations entre les leaders parlementaires. En d'autres termes, en matière de négociation, le fonctionnement parlementaire n'est pas différent de ce que nous voyons dans notre système judiciaire. Si, dans le premier cas, un plaidoyer de culpabilité peut conduire à une réduction de la peine demandée par un procureur, dans le système parlementaire, un amendement accepté pour un projet de loi peut se troquer contre un vote favorable de l'opposition sur un amendement à un autre projet de loi.

Vous pouvez établir des contacts avec des membres de l'opposition à la fois pour connaître leur opinion sur ce que vous proposez et pour tenter de les rallier à votre cause. Ils peuvent s'avérer de bons alliés, voire prendre fait et cause pour vous dans un dossier. Les idées véhiculées par l'opposition et les critiques que l'opposition adresse au gouvernement sont donc de précieux éléments à prendre en compte, et une rencontre avec le critique officiel de l'opposition ou avec le directeur de recherche du parti peut s'avérer un bon investissement pour votre cause.

Mentionnons également que les politiciens partagent certaines préoccupations (équité, développement économique et social, éducation, emploi, santé). Il ne faut donc pas hésiter à s'en servir en formulant des arguments généraux qui ne pourront être réfutés ni par l'une ni par l'autre des parties en cause.

Pour illustrer ce qui précède, revenons à l'exemple de l'ORHRI exposé plus haut : l'Ordre avait obtenu l'appui du député Lawrence Bergman, critique officiel de l'opposition libérale en matière de lois professionnelles. Ce dernier avait appuyé la proposition de l'Ordre et demandé en commission parlementaire d'apporter l'amendement souhaité (rappelons que l'ORHRI comptait quelque quatre mille membres à l'époque), mais en vain. La ministre Linda Goupil avait jusqu'alors refusé toutes les propositions et entendait bien tenir son bout. Néanmoins, après des efforts liés à une solide stratégie de relations gouvernementales, elle apporta finalement l'amendement demandé au moment de l'adoption de la loi (étape ultime). Le député Bergman s'est alors empressé de faire part de sa contribution au dossier: «Au commencement de la commission parlementaire, comme j'ai mentionné ce soir, on a suggéré un amendement en ce qui concerne l'ajout du titre réservé de conseiller en ressources humaines agréé à l'usage des membres de l'Ordre des conseillers en relations industrielles du Québec. L'amendement proposé a été rejeté par le gouvernement péquiste presque sans raison, mais je suis fier que le gouvernement péquiste retourne ici, ce soir, dans les minutes qui précèdent l'adoption finale du projet de loi n° 87, avec les mêmes amendements que j'ai proposés, presque mot à mot (...)»[4].

ASTUCE N° 20

PROFITEZ DE L'OCCASION POUR OCCUPER LA PLACE PUBLIQUE.

☞ ***Entourer votre présentation en commission parlementaire d'une opération de presse bien menée peut vous donner l'occasion non seulement d'occuper la place publique, mais également d'étendre la portée de votre message.***

Saisir l'occasion de votre présentation pour émettre un communiqué de presse qui résume votre position est un moyen simple et peu coûteux d'obtenir une bonne couverture dans les médias et de maximiser votre impact. Il est cependant préférable de retenir les services d'un spécialiste des relations de presse pour maximiser votre impact à ce niveau, car les risques d'erreurs sont grands et les journalistes ont un mode de pensée particulier. Plusieurs règles et

---

4. Assemblée nationale du Québec, *Journal des débats*, cahier n° 122, 14 juin 2000, p. 6986.

trucs non écrits régissent les relations de presse et, si vous ne voulez pas risquer de perdre votre crédibilité auprès des journalistes, n'hésitez pas à faire appel à des spécialistes en la matière. Notons que, si votre allocution présente les résultats d'un sondage ou d'une étude que vous publiez le jour de votre présentation, vous attirerez encore plus l'attention des journalistes sur vos revendications.

Chapitre 5

Quelques particularités des demandes de subventions

Il existe au Québec une panoplie de programmes de subventions dans les différents ministères. Ces subventions s'adressent tantôt à des individus (programmes de formation ou d'employabilité, par exemple), tantôt à des entreprises (aide à la création d'emploi, garanties de prêts, etc.), à des organismes communautaires ou, à des institutions de formation. Quel que soit le domaine, environnement, employabilité, santé et services sociaux, infrastructures, formation, nouvelle économie, démarrage d'entreprises, il importe de bien connaître le système pour maximiser vos chances d'obtenir ce que vous voulez.

Nous avons exposé, dans les deux premiers chapitres, divers conseils pour faire cheminer adéquatement votre dossier et le doter d'arguments convaincants. Il importe toutefois d'y ajouter quelques stratagèmes qui vous permettront de réunir le maximum de conditions gagnantes en vue de l'obtention d'une subvention. Une mise en garde s'impose cependant d'emblée. Même si vous suivez à la lettre tous les conseils que l'on peut vous prodiguer, si votre demande de subvention ne se «tient» pas, n'est pas techniquement réalisable ou présente des coûts disproportionnés par rapport aux résultats escomptés, vos efforts demeureront vains.

Le but de ce chapitre est de vous présenter quelques trucs et astuces qui vous permettront de mieux vous en tirer dans le monde capricieux des subventions gouvernementales.

5.1 QUELQUES INCONTOURNABLES DE BASE : SIX AUTRES ASTUCES

ASTUCE N° 21

SACHEZ OÙ VOUS ALLEZ ET CE QUE VOUS VOULEZ.

☞ ***Pour obtenir une subvention, il ne suffit pas simplement de cadrer dans les critères d'admissibilité, d'avoir une bonne idée ou de déposer une demande auprès d'un ministère. Il faut aussi savoir à quel programme précis vous adresser et respecter les règles inhérentes à l'octroi des subventions visées.***

Un droit n'est jamais que l'autre aspect d'un devoir.

Jean-Paul Sartre

Pour obtenir une subvention, il faut d'abord et avant tout déposer une demande en bonne et due forme dans le cadre d'un programme gouvernemental bien précis. En d'autres termes, il ne suffit pas d'être un entrepreneur pour avoir droit à une subvention aux entreprises, pas plus qu'il ne suffit d'être artiste pour recevoir un financement pour un projet de film. Si votre demande ne cadre pas dans un programme précis, il vous sera impossible (ou très difficile) d'obtenir la subvention demandée.

Les ministères comptent des dizaines de programmes différents qui ont pour but de soutenir des initiatives dans leur champ de compétences. Par exemple, au ministère de la Culture et des Communications du Québec (MCC), on retrouve près d'une quarantaine de programmes de soutien et d'aide financière, sans compter le nombre à peu près équivalent de programmes de soutien financier offerts dans chacun des quelque vingt-cinq organismes connexes au secteur de la culture, mais ne relevant pas du MCC, tels que le Conseil des arts et des lettres du Québec, la Société de développement des entreprises culturelles, le Fonds d'investissement de la culture et des communications, etc. Il en va de même dans la plupart des autres ministères où le nombre de programmes disponible constitue une mosaïque quasi indéchiffrable.

Comment faire pour s'y retrouver ? La première étape consiste à vous enquérir des programmes offerts dans les sites Internet des ministères. Vous y trouverez toujours une rubrique intitulée *Programmes et subventions, Programmes d'aide, Soutien financier* ou autres désignations apparentées. Une fois cette information débusquée, vous aurez accès aux critères d'admissibilité, aux formulaires à remplir, aux dates de tombées, aux conditions d'octroi et aux guides pour vous aider à remplir les formulaires requis. Lisez scrupuleusement l'ensemble de ces informations avant de travailler à rédiger une demande. Cela vous évitera de travailler pour rien.

Complexité de l'appareil gouvernemental oblige, la plupart des ministères vous fourniront des guides pour vous aider à compléter les formulaires de demandes de subventions. Ces guides se retrouvent aussi sur les sites Internet des ministères sous différents vocables tels que « Lignes directrices » ou « Guide du programme XYZ ». Parcourez-les attentivement en remplissant vos demandes, car vous y retrouverez une foule d'informations sur le type de projets qui sont financés ou priorisés, en plus de vous doter d'un lexique informel, qu'il est grandement conseillé de rependre dans vos textes. Il n'est cependant pas toujours facile de comprendre les lignes directrices contenues dans les guides. Nous en voulons pour preuve, pour ne citer que cet exemple, les documents explicatifs du programme intitulé *Réseaux d'apprentissage communautaires* du Bureau des technologies d'apprentissage de Développement des ressources humaines Canada. Le formulaire de demande à ce programme comporte environ une vingtaine de questions — simples en apparence — auxquelles sont rattachées des « lignes directrices » regroupées dans un document totalisant quelque 40 pages, document explicatif auquel est rattaché une annexe de 7 pages portant sur les explications complémentaires requises pour répondre à trois des vingt et une questions. Vous suivez toujours ? Nous non plus !

Enfin, inutile de vous taper tout ce coriace boulot si vous ne répondez pas aux critères d'admissibilité ou encore si votre projet ne cadre pas avec les priorités ou les initiatives visées par un ministère. De plus, la rigidité de l'appareil d'État étant ce qu'elle est, vous devrez respecter scrupuleusement toutes les indications fournies et acheminer l'ensemble de la documentation pertinente sous la forme requise et dans les délais impartis, à défaut de quoi vous risquez fort d'essuyer un refus, alors même que votre projet aurait pu avoir quelques chances de l'emporter.

ASTUCE N° 22

NE VOUS FIEZ PAS SEULEMENT À CE QUI EST ÉCRIT, CAR TOUT N'EST PAS ÉCRIT.

☞ *À l'instar du principe qui s'applique aux chercheurs d'emplois lorsqu'ils constatent que seulement 20 % des postes disponibles sont affichés dans les journaux, le même principe vaut en matière d'information publiée et disponible sur les demandes de subventions.*

Malgré leur abondance apparente, les informations contenues dans les incalculables formulaires gouvernementaux ne sont pas nécessairement complètes. En effet, il y a beaucoup d'informations qui ne sont pas nécessairement écrites ou publiées et que l'on peut tirer de recherches complémentaires, ce qui représente autant de cordes supplémentaires à votre arc. Vous verrez qu'avec un peu d'adresse et quelques conversations bien placées, vous dégoterez une foule de renseignements qui n'étaient pas écrits ou que vous aviez mal interprétés.

Voici quelques conseils simples pour maximiser votre butin :

- Communiquez avec les fonctionnaires responsables des programmes afin de discuter avec eux du programme dont vous souhaitez vous prévaloir. Même si les informations écrites dans les guides et les formulaires vous paraissent claires, posez-leur des questions sur la signification de tel ou tel critère, sur le genre d'initiatives financées dans le passé par le programme en question, sur les priorités du ministère, etc.
- Il est préférable de ne pas exposer d'emblée votre projet dans les moindres détails lors de

votre conversation ou rencontre avec les fonctionnaires. Il est conseillé de dévoiler une ébauche de votre projet, ébauche à partir de laquelle vous orienterez vos questions auprès des fonctionnaires concernés. Par exemple, en discutant des conditions d'octroi, demandez si tel genre d'initiative serait acceptable, à quelles conditions, etc. En fait, vos échanges avec les fonctionnaires vous permettront de peaufiner votre projet en fonction des critères et des priorités appliqués par le ministère, de le faire cadrer avec les conditions gagnantes.

- Généralement, les projets déjà financés par un ministère sont disponibles sur Internet sous des rubriques intitulées, par exemple, «Initiatives soutenues en 2001-2002» ou «Subventions octroyées en 2002-2003». Fréquemment, les ministres annoncent aussi par communiqué les subventions qu'ils octroient. Ce sont là deux façons importantes de connaître les arguments invoqués par le gouvernement (ou les organismes qui en ont bénéficié), au soutien de ces projets. Tirez-en partie dans la présentation de votre propre demande en reprenant des idées ou des arguments similaires.

ASTUCE N° 23

RECUEILLEZ DES APPUIS.

☞ ***Joindre quelques lettres d'appui à votre demande peut s'avérer une bonne initiative, même si ce n'est pas requis formellement.***

Même si cela n'est pas requis dans les conditions énoncées, il est toujours bon de montrer que votre demande de subvention est supportée par des appuis. Cela permet de la crédibiliser et d'en justifier la nécessité. Ces appuis peuvent venir des députés de votre territoire, d'experts dans le domaine ou encore de partenaires du milieu. Par exemple, si vous êtes un Centre d'hébergement pour femmes en difficulté et que vous désirez obtenir un financement pour un projet, vous pouvez solliciter l'appui du CLSC de votre quartier, du poste de police, des autres groupes de femmes du quartier, de vos députés, etc.

Plus l'envergure de votre projet est grande, plus les appuis devront être significatifs. Par exemple, si vous souhaitez faire financer la construction d'une salle de théâtre à Québec, il serait préférable de recueillir l'appui de la Ville de Québec, du ministre responsable de la région, des députés, de grands noms du théâtre, de personnalités connues, du caucus régional des députés, d'artistes reconnus, de la chambre de commerce régionale, etc.

Enfin, sélectionnez judicieusement les personnes et les organisations dont vous sollicitez les appuis. L'appui d'une personne ou d'une organisation qui a peu de crédibilité ou dont les positions politiques sont opposées aux priorités ministérielles ne sont pas nécessairement d'une grande utilité...

ASTUCE N° 24

RIEN NE SERT DE COURIR, IL FAUT PARTIR À POINT.

☞ ***Prenez tout le temps nécessaire pour présenter une demande bien étoffée, car rappelez-vous qu'elle sera inscrite à votre dossier pour longtemps. De la même façon, prenez les deux minutes requises pour toujours confirmer par écrit le fruit de vos échanges avec vos interlocuteurs.***

Il est important de bien prendre le temps de vous renseigner et de ne pas brûler les étapes. Si vous ne pensez pas pouvoir respecter les délais impartis, reportez votre demande à la prochaine date de tombée du ministère. Une demande mal complétée ou incomplète laisse un goût amer et ne démontre pas d'emblée que votre organisation possède la rigueur nécessaire pour bénéficier des deniers publics sollicités.

Par ailleurs, nous l'avons noté dans le premier chapitre, il est capital de procéder par écrit et de valider par écrit vos conversations avec les fonctionnaires. Même si vous avez convenu par téléphone de certaines choses, tant que ce n'est pas écrit, ce n'est pas dans votre dossier. Aussi, si les fonctionnaires vous demandent des informations complémentaires ou vous posent des questions additionnelles, ne faites pas l'erreur de vous précipiter et d'y répondre d'emblée. Il est préférable de valider votre compréhension des questions avant de répondre.

Sollicitez une rencontre pour préciser les questions et essayez d'y amener une ou deux personnes avec vous. Cela vous évitera d'acheminer les réponses et de vous faire dire en retour que ce n'était pas tout à fait ce que vos interlocuteurs voulaient recevoir, que ça ne répond pas tout à fait aux questions soulevées. Au cours d'une telle rencontre, précisez exactement avec les fonctionnaires ce qu'ils veulent dire lorsqu'ils demandent telle information complémentaire et convenez, sur place avec eux, des grandes lignes de ce que vous leur enverrez comme réponse.

Si vous ne pouvez obtenir de rencontre pour préciser les questions ou si cela ne s'avère pas nécessaire, convenez sur-le-champ des éléments que contiendront vos réponses avec le fonctionnaire, puis confirmez-en votre compréhension par courriel une fois le téléphone raccroché.

Prenez soin, à chaque étape, de vous faire confirmer la réception de tout document que vous envoyez. Passez un petit coup de fil au fonctionnaire concerné pour vérifier qu'il a bien reçu ce que vous lui avez envoyé, et demandez-lui de vous indiquer si le tout est complet et conforme à ce qu'il demandait. Pour finir, confirmez une fois de plus le tout par un petit courriel, ce qui vous fournira des armes en cas de pépin ultérieur ou si vous devez éventuellement avoir recours à des instances supérieures.

ASTUCE N° 25

NE VOUS EMBALLEZ PAS TROP VITE, VOUS RISQUERIEZ D'ÊTRE DÉÇU.

☞ *L'octroi d'une subvention n'est jamais confirmé avant que vous n'ayez la chance de palper le chèque.*

Pour bien expliciter ce propos, voici quelques croyances populaires totalement fausses qui risquent de vous apporter plus de déceptions qu'autre chose :

- «*Puisque notre demande correspond aux critères, elle sera acceptée.*» Ceci est totalement faux ; le fait que votre demande respecte les critères vous place en position de pouvoir l'emporter mais la course n'est pas gagnée avant de franchir le fil d'arrivée... Votre demande sera analysée au même titre que toutes les autres qui cadrent avec les critères et qui, ensemble, totalisent davantage que les budgets disponibles au ministère. Nul ne peut présager des choix qui seront faits et des projets qui seront retenus parmi les projets admissibles.
- «*Les fonctionnaires chargés d'analyser notre demande estiment que notre projet est bon. C'est donc dans la poche.*» Erreur ! Une *appréciation* positive de votre projet n'est pas une *réponse* positive. Même s'il s'installe un intérêt manifeste autour de votre projet, il peut vous être refusé pour une foule de bonnes raisons : restrictions budgétaires, il ne convient pas aux nouvelles priorités annuelles, les priorités du ministre sont ailleurs, une nouvelle directive administrative vient de le déclasser, un nouveau gouvernement arrive, le ministre a changé de responsabilités, etc.
- «*La personne à qui nous avons parlé au ministère nous a mentionné que la demande était acceptée.*» Méfiez-vous autant de votre interprétation de la chose que du fonctionnaire qui vous dirait un truc pareil. Une recommanda-

tion positive de l'administration à propos d'un dossier ne signifie pas nécessairement qu'une fois rendue plus haut, la demande recevra une réponse positive. Généralement, ce sont les ministres qui signent les confirmations d'octroi des subventions ; tant qu'une lettre n'est pas signée, tout peut arriver.

ASTUCE N° 26

EN CAS DE REFUS NÉBULEUX, NE BAISSEZ PAS LES BRAS TROP VITE.

☞ *Même si vous recevez une réponse négative, si les motifs du refus vous apparaissent vagues ou nébuleux, il y a peut-être encore un espoir.*

Si vous essuyez un refus, la première chose à faire consiste à demander des précisions sur les motifs pour lesquels votre demande est refusée. Il se peut que vous jugiez ces motifs nébuleux, flous ou injustes ; n'hésitez donc pas à poser des questions. Le fait de remettre en question la décision rendue peut permettre d'apporter des précisions ou des informations qui avaient été « mal interprétées » ou qui ont « échappé » aux fonctionnaires chargés d'analyser votre demande. Dans un tel cas, il arrive que vos démarches aboutissent à une révision de la décision initiale.

Poser des questions peut aussi mettre en lumière une divergence d'opinion entre les conclusions auxquelles sont arrivés les fonctionnaires et la véritable nature de votre requête. Vous pouvez aussi estimer que votre demande n'a pas reçu un traitement juste et équitable, que l'on vous a mal compris, etc. Dans ces cas, si vous avez tenté de convaincre en vain les fonctionnaires concernés, vous pourriez décider de porter votre cause plus haut dans la hiérarchie et d'en saisir éventuellement le cabinet, par exemple. Cette stratégie peut être couronnée de succès si elle est associée à deux préalables : premièrement, histoire de maintenir de bonnes relations, avertissez le ou les fonctionnaires rattachés à votre dossier de votre intention d'aller plus haut ou au cabinet. Deuxièmement, préparez soigneusement vos arguments. Le sous-ministre ou le cabinet ne fera pas votre travail à votre place. C'est pourquoi, si vous jugez que vous avez été lésé par le traitement qu'a reçu votre demande, affûtez votre artillerie argumentative. Vous risquez fort de vous taper le nez sur un refus définitif si vous arrivez au sommet mal préparé.

5.2 Savoir réagir à l'obtention d'une subvention : cinq conseils

Si votre projet est un projet d'envergure ou encore s'il représente un intérêt politique, il est fort probable que le ministre concerné désire en faire l'annonce. Voici quelques conseils pour que le tout ne se retourne pas contre vous.

Conseil n°1 : Ne pas vendre la peau de l'ours avant de l'avoir tué.

En d'autres termes, si vous clamez haut et à tout venant que le ministre vous octroie une subvention avant que l'annonce ne soit faite par ce dernier, vous risquez fort de ne jamais voir la couleur de votre subvention. Les ministres font des annonces publiques pour en tirer du capital politique et de la visibilité. Si vous répandez trop tôt la bonne nouvelle ou, pire encore, si les médias s'emparent de la nouvelle avant qu'elle ne soit officialisée par le ministre, il n'y a alors plus d'intérêt manifeste à vous octroyer la subvention en question. En d'autres termes, tant que vous n'avez pas la confirmation écrite que l'on vous octroie une subvention, vous n'avez pas de subvention.

Conseil n°2 : Prudence dans vos invitations lors d'une annonce publique.

Dans le cas où une subvention fait l'objet d'une annonce publique, il va de soi que c'est le ministre qui fait l'annonce. C'est donc lui qui va gérer son annonce et les invitations.

Bien entendu, il souhaitera avoir plusieurs personnes qui participeront et vous serez appelé à collaborer pour remplir la salle. Mais ces invitations émanant de l'organisation qui fait l'objet de l'annonce devront normalement être soumises à l'approbation du cabinet ou à celle de la personne responsable qui vous aura été désignée dans le ministère (traditionnellement une personne du service des communications). Généralement, les invitations de l'organisme devront être acheminées seulement à la suite de l'émission du communiqué du ministre qui invite les médias à l'événement, ou encore, suite à une approbation formelle du ministère.

Notez que peu importe les relations que vous entretenez avec les fonctionnaires, les invitations faites au personnel politique et au ministère sont à la charge du ministre. C'est lui qui décide qui il veut inviter dans son ministère ou dans ses alliés politiques.

En ce qui a trait aux acteurs du milieu, il est préférable d'être prudent car vous ne savez pas comment vos homologues vont réagir, surtout s'ils ont eux-mêmes des demandes auprès du même ministère ou s'ils sont en discussion avec le gouvernement pour obtenir des avantages…

Conseil n°3 : Envoyez votre communiqué seulement après la conférence de presse du ministre.

Généralement, l'organisme visé par une annonce gouvernementale émettra un communiqué une fois la conférence de presse terminée. Dans la réalité, jusqu'aux derniers moments précédant la conférence de presse, nul ne sait — mis à part le ministre — ce qui sera annoncé. Il est donc prudent, pour publier la réaction, d'attendre que l'annonce soit faite officiellement. En effet, pour acquiescer à une demande, un ministre peut annoncer plusieurs choses. Il y a une énorme différence entre annoncer un accord de principe pour un investissement et annoncer l'investissement lui-même. La campagne électorale de 2003 regorge de tels exemples. Le gouvernement Landry a annoncé plusieurs millions pour une foule d'organismes mais ces annonces sont en fait la promesse que l'argent en question est réservé dans le budget du gouvernement. Le *hic,* c'est que, si l'étude des crédits n'a pas eu lieu, il est peu probable qu'un nouveau gouvernement fonctionne avec un budget voté par le gouvernement précédent. Tout est donc à recommencer !

Enfin, une fois la conférence de presse terminée, le communiqué de votre organisme se limitera généralement à une simple réaction concernant l'annonce faite et ne donnera pas de détails superflus ou susceptibles d'ouvrir un débat. Il se limite plutôt aux grandes lignes et aux réactions qui s'imposent (remerciements, «*cela nous permettra de ...*» et autres technicalités d'usage). Évidemment, vous pouvez en préparer quelques versions qui seront ajustées, suite à la conférence de presse, en fonction de la nature de l'annonce. Mais comme vous ne pouvez présager exactement de ce qui sera annoncé, vous devrez vivre avec cette incertitude jusqu'à la dernière minute.

Conseil n° 4 : Identifiez et préparez bien votre porte-parole.

Il vous faut identifier le porte parole qui réagira à l'annonce, qui prononcera l'allocution devant les journalistes et qui répondra à leurs questions. À ce titre, il faut l'aider à identifier les messages-clés à véhiculer. Il faut idéalement prévoir des réponses pour toutes les éventualités : annonce d'un investissement, annonce d'un accord de principe, annonce inférieure aux sommes requises, annonce que l'argent sera mis de côté dans le prochain budget, annonce qu'on a demandé au ministère des finances de supporter le projet, etc.

Généralement, les interventions des porte-parole se limiteront, comme dans le communiqué, à la réaction de l'organisme à l'annonce, sans entrer dans les détails, ni ouvrir sur d'autres perspectives (projets ou autres).

On tentera aussi d'aider le porte-parole à prévoir les questions qui sont susceptibles d'être posées par les journalistes et les réponses à y apporter. Ce genre d'exercice divinatoire est souvent utile dans la mesure où, dans le feu de l'action, il peut s'avérer difficile et stressant d'avoir à trouver des réponses adéquates sur-le-champ, surtout quand certains journalistes s'adonnent à la polémique. Cette étape est importante dans la mesure où une situation embarrassante l'est pour tout le monde : l'organisme et le ministre concerné. Sans compter que cela peut laisser une mauvaise impression pour le cas d'autres demandes éventuelles... On tentera donc de prévoir les questions que les journalistes pourraient poser, celles auxquelles nous ne devons pas répondre (en revenant habilement sur notre message-clé) et les réponses à donner aux questions auxquelles nous voulons répondre.

Enfin, même si la plupart des journalistes font preuve d'éthique en la matière, il se peut que certains petits farceurs tentent de vous joindre avant la conférence de presse pour obtenir le « scoop » ou la primeur sur l'affaire... Dans ce cas, vous pouvez répondre qu'il vous fera plaisir de les voir en conférence de presse où ils obtiendront toute l'information dont ils ont besoin.

Conseil n° 5 : Assurez-vous d'avoir l'équipement requis.

Afin de faciliter le travail des journalistes, il est impératif d'avoir les équipements requis, outre les viennoiseries et le café. Généralement, vous pourrez faire appel à des entreprises spécialisées en équipement audio et vidéo pour louer de l'équipement : système complet de microphones, installations électriques et électroniques, etc. Ce genre d'initiatives est apprécié et votre sens de l'organisation laisse une bonne impression.

Chapitre 6

Le lobbying auprès du gouvernement fédéral : petit tour d'horizon[1]

DANS CE CHAPITRE, nous abordons quelques particularités du système fédéral. Nous voyons notamment la structure du système parlementaire fédéral, le processus législatif, les rôles des comités de la Chambre des communes ainsi que l'importance des différentes instances politiques.

6.1 La structure du système parlementaire fédéral

La structure et le fonctionnement du gouvernement fédéral diffèrent considérablement de ce que l'on retrouve au Québec. Nous en voulons pour première preuve que, selon la législation, le chef de l'État canadien n'est pas le premier ministre mais plutôt la reine ! Oui, théoriquement, le Canada est toujours une monarchie constitutionnelle. Dans la réalité, les pouvoirs sont entre les mains du premier ministre et de son Cabinet, la reine n'assumant qu'une fonction honorifique. Comme nous l'indiquait M. Richard G. Gervais, politologue et président de GGA Communications, au cours d'un entretien : « Cette fonction honorifique est d'ailleurs largement partagée depuis 25 ans par le gouverneur général, ce dernier étant reçu maintenant comme chef d'État canadien à l'étranger. »

---

1. Les informations réunies dans ce chapitre proviennent principalement d'un entretien avec M. Richard G. Gervais, politologue et président de GGA Communications, ainsi que du *Guide de la Chambre des communes du Canada*, Ottawa, Bibliothèque du Parlement, 2e édition, janvier 2002, que l'on peut consulter à l'adresse Internet suivante : *www.parl.gc.ca*, et de l'ouvrage de Eugene A. Forsey, *Les Canadiens et leur système de gouvernement*, 5e édition, Ottawa, Bibliothèque du Parlement, 2002.

Notons par ailleurs, que le terme Cabinet (avec un grand C) désigne au niveau fédéral non pas le personnel politique du premier ministre, mais l'équivalent de ce que l'on appelle le «conseil des ministres» au niveau provincial.

Les ministres qui forment le Cabinet fédéral sont désignés par le premier ministre et ils sont nommés officiellement par le gouverneur général.

Le système parlementaire fédéral a également un Sénat. Le Sénat compte cent cinq sénateurs issus des différentes régions et des territoires du Canada. Les sénateurs sont nommés par le premier ministre. Leur rôle consiste principalement à étudier plus en profondeur, modifier, adopter ou rejeter les projets de loi adoptés préalablement par la Chambre des communes. En anglais, on qualifie d'ailleurs le Sénat de «*Chamber of sober second thought*».

Enfin, la Chambre des communes est l'équivalent de ce que l'on appelle l'Assemblée nationale au Québec. La Chambre est composée des députés élus par le peuple au suffrage universel. On y retrouve donc les députés du gouvernement au pouvoir ainsi que ceux de l'opposition. Les travaux de la Chambre des communes sont, à l'instar de ce qui prévaut au Québec, présidés par le président de la Chambre.

Schéma 3 : Hiérarchie du système parlementaire fédéral[2]

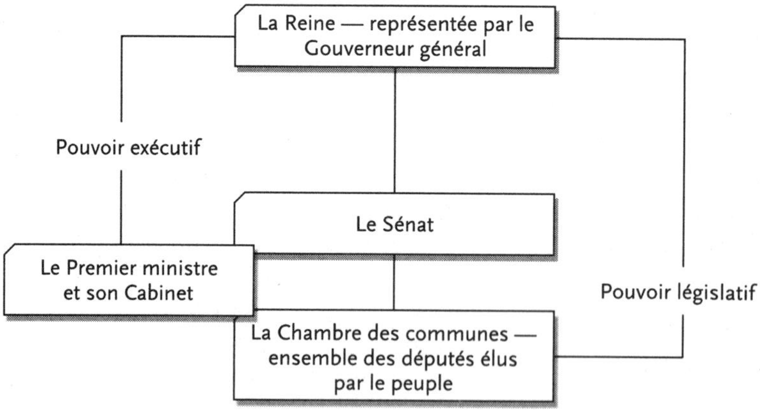

2. Source : *Guide de la Chambre des communes du Canada*, Ottawa, Bibliothèque du Parlement, 2e édition, janvier 2002, que l'on peut consulter à l'adresse Internet suivante : *www.parl.gc.ca*.

Le schéma 3 montre les liens hiérarchiques existant entre les instances qui exercent les pouvoirs exécutif et législatif.

6.2 Le processus législatif fédéral

Le processus législatif fédéral comporte sept grandes étapes. Il débute par ce qui est appelé la «première lecture». Le ministre concerné y présente son projet de loi et l'imprime, sans qu'aucun débat n'ait lieu. Le projet de loi est par la suite acheminé en deuxième lecture ; au cours de cette étape se tiendra un débat sur le principe du projet de loi. Suivant l'adoption de son principe, le projet de loi est déféré à un comité de la Chambre pour étude approfondie, article par article.

Notons que les comités de la Chambre sont en quelque sorte le pendant des commissions parlementaires au niveau provincial. Ils peuvent donc recevoir et entendre des spécialistes ou des représentants sur les sujets traités, procéder à des consultations et à des appels de mémoires. Mais le processus de consultation peut différer d'un projet de loi et d'un comité à l'autre. Malgré cette différence avec les commissions parlementaires québécoises, il n'en demeure pas moins que, au fédéral, les comités sont tout aussi importants pour ceux qui désirent influencer les décisions du gouvernement.

Une fois l'étude du projet de loi terminée, le comité consigne ses conclusions et les amendements suggérés dans un rapport qui est déposé à la Chambre des communes. Les députés en Chambre débattent alors du rapport, et d'autres amendements peuvent être suggérés à cette étape. Le projet de loi amendé est alors soumis à une troisième lecture. Les députés débattent ici du projet de loi et des amendements suggérés avant de procéder au vote pour son adoption par la Chambre des communes. Le Sénat assurera la suite des opérations en recevant le projet de loi adopté et en le faisant cheminer selon un processus similaire à celui qu'il a suivi à la Chambre des communes. Une fois l'accord du Sénat obtenu, le projet de loi pourra recevoir la sanction royale, prenant ainsi force de loi.

Schéma 4 : Cheminement d'un projet de loi au niveau fédéral[3]

Première lecture
On considère que le projet de loi est lu une première fois et il est imprimé.

Deuxième lecture
Les députés débatent du principe du projet de loi.

Étape du comité
Les membres du comité examinent le projet de loi, article par article.

Étape du rapport
Les députés peuvent ajouter d'autres amendements.

Troisième lecture
Les députés débatent du projet de loi et votent.

Sénat
Le projet de loi suit un processus similaire.

Sanction royale
Accepté par les deux Chambres, le projet de loi reçoit alors la sanction royale.

---

3. Source : *Guide de la Chambre des communes du Canada*, Ottawa, Bibliothèque du Parlement, 2e édition, janvier 2002, que l'on peut consulter à l'adresse Internet suivante : *www.parl.gc.ca*

6.3 LES COMITÉS DE LA CHAMBRE DES COMMUNES

Comme nous l'avons vu brièvement dans la section précédente, le Parlement canadien n'a pas de commissions parlementaires. Ces dernières sont remplacées par les «comités de la Chambre des communes». Il en existe plusieurs types. En voici un aperçu:

« **Comité législatif** • Comité établi selon les besoins, conformément aux dispositions du Règlement, afin d'étudier en détail un projet de loi après sa deuxième lecture. Le comité est uniquement habilité à faire rapport du projet de loi à la Chambre, avec ou sans amendement(s).

Comité mixte • Comité composé de députés et de sénateurs, proportionnellement à leur nombre à la Chambre et au Sénat. Celui-ci peut être un comité permanent ou spécial.

Comité permanent • Comité créé en vertu du Règlement de la Chambre. Les comités permanents sont autorisés à étudier les questions qui leur sont renvoyées par ordre spécial ou permanent; ils peuvent aussi initier leurs propres études.

Comité plénier • Comité formé de tous les députés à la Chambre qui se réunissent pour l'étude des projets de loi de crédits ou toute autre question renvoyée par la Chambre. La présidence est assumée par un président désigné à cet effet et non par le Président de la Chambre.

Comité spécial • Groupe de députés, ou de députés et de sénateurs, constitué pour étudier une question précise. Une fois le rapport final présenté, le comité est dissous.

Sous-comité • Comité secondaire qu'un comité crée parmi ses membres et auquel il délègue certains de ses pouvoirs, sauf celui de faire rapport à la Chambre. Les comités ne sont pas tous habilités à créer des sous-comités[4]. »

Les comités permanents

Les comités permanents sont au nombre de vingt-trois actuellement. Ils ont chacun un domaine d'expertise. En voici la liste :

- Comité mixte permanent de la Bibliothèque du Parlement
- Comité mixte permanent des langues officielles
- Comité mixte permanent sur l'examen de la réglementation
- Comité permanent de la citoyenneté et de l'immigration
- Comité permanent de la défense nationale et des affaires des anciens combattants
- Comité permanent de la justice et des questions juridiques
- Comité permanent de la procédure et des affaires de la Chambre
- Comité permanent de la santé
- Comité permanent de l'agriculture et de l'agroalimentaire
- Comité permanent de l'environnement et du développement durable
- Comité permanent de liaison
- Comité permanent de l'industrie
- Comité permanent des affaires autochtones et du développement du Grand Nord
- Comité permanent des affaires étrangères et du commerce international
- Comité permanent des comptes publics
- Comité permanent des droits de la personne et de la condition des personnes handicapées

---

4. Source : Comités de la Chambre des communes, 35e Législature – 2e Session, *www.parl.gc.ca/cgi-bin/committees352/francais_master.pl*

- Comité permanent des finances
- Comité permanent des opérations gouvernementales
- Comité permanent des pêches et des océans
- Comité permanent des ressources naturelles
- Comité permanent des transports
- Comité permanent du patrimoine canadien
- Comité permanent du développement des ressources humaines

Rôle et composition des comités[5]

Les comités permanents sont composés d'un nombre variant entre 14 et 16 députés. Les membres des comités sont choisis par la Chambre et sont désignés en proportion du nombre de sièges détenus par chacun des partis politiques.

Les comités ont pour fonction d'exécuter les tâches qui leur sont déléguées par la Chambre. Ils étudient les projets de loi et exécutent les *ordres de renvoi* de la Chambre (un *ordre de renvoi* est le terme employé pour désigner un mandat délégué à un comité). Il peut s'agir de l'examen de la gestion d'un ministère ou encore de l'examen de questions plus générales comme la santé des Canadiens, les droits de la personne, etc.

Une fois ses travaux terminés, le comité dépose ses recommandations ou son rapport à la Chambre des communes.

Fait à noter, les comités jouissent d'un pouvoir d'influence non négligeable sur le cours des décisions gouvernementales. Il peut donc s'avérer stratégique pour vous de les inclure dans vos démarches.

---

5. Les informations contenues dans cette section sont tirées du *Guide des témoins comparaissant devant un comité de la Chambre des communes*, Chambre des communes, *www.parl.gc.ca/InfoCom/documents/Witness/Witness-f.htm*.

Les consultations des comités

Les comités invitent régulièrement des personnes à venir témoigner devant eux. Il peut s'agir de spécialistes, de représentants d'associations, de groupes ou d'organismes, de fonctionnaires, voire de lobbyistes.

Lorsqu'un comité désire inviter des témoins à une audience sur un sujet particulier, il le fait par le biais d'une annonce sur son site Web (chaque comité dispose d'un site Web) ou dans les journaux. Il est donc conseillé de surveiller régulièrement les sites Web des comités qui traitent des sujets qui vous concernent.

À l'instar de ce qui prévaut pour le Québec, le comité décidera des témoins qu'il entendra parmi la liste des demandes d'audience qu'il aura reçues. C'est le greffier du comité qui remplit l'équivalent des fonctions exercées par le secrétaire d'une commission. C'est donc à lui que doivent être envoyées les copies de votre mémoire, les correspondances à l'attention du comité ainsi que les informations destinées au président.

6.4 TIRER LES FICELLES POLITIQUES FÉDÉRALES

Le cheminement à suivre pour influencer les décisions du gouvernement fédéral diffère de ce que nous avons vu pour le niveau provincial. Au cours des dernières décennies, le pouvoir fédéral s'est concentré davantage autour du premier ministre et de son bureau (équivalent de ce que l'on appèle le cabinet ministériel au Québec), ce qui n'est pas sans conséquences sur les façons d'exercer les relations gouvernementales. Le gouvernement canadien est fort complexe : il compte de nombreux ministères dont les milliers d'employés sont répartis sur l'ensemble du territoire. Il s'agit là d'une énorme machine sur laquelle règne le pouvoir national et ses diverses composantes. L'art de tirer les bonnes ficelles au moment opportun pour influer sur le cours des décisions est donc fort complexe.

Les bureaux des ministres fédéraux

La composition des bureaux ministériels au niveau fédéral est moins uniforme qu'au provincial. Le premier ministre dispose d'un important service de presse et de très nombreux conseillers politiques. Il est aussi entouré de directeurs régionaux. On retrouvera donc un directeur pour le Québec, un autre pour l'Ontario, etc. En d'autres termes, le directeur régional pour le Québec, qui lui-même a des adjoints, est en quelque sorte le conseiller politique responsable des dossiers d'importance touchant cette région.

Les ministres dits «seniors», c'est-à-dire ceux qui ont la charge de ministères importants, tels que les Finances ou le Développement des ressources humaines ont aussi des adjoints régionaux qui sont des interlocuteurs incontournables pour assurer un bon cheminement de votre dossier.

Également, pour faire contrepoids à l'importance du bureau du premier ministre, certains ministres vont s'adjoindre des conseillers spécialisés dans des domaines précis. Ces derniers peuvent aussi vous être utiles.

Si certains ministres ont un chef de cabinet (parfois appelé *Chief of staff*), d'autres auront aussi un adjoint exécutif, ce qui porte parfois à confusion. Le chef du cabinet a généralement pour fonction de diriger le personnel du bureau du ministre alors que l'adjoint exécutif aura la charge de grands dossiers. Il importe de souligner que la répartition des tâches entre ces deux personnes-clés diffère d'un bureau à l'autre et, histoire de compliquer davantage le tout, qu'elles sont elles-mêmes entourées de plusieurs adjoints dont le nombre peut se compter par dizaines dans certains ministères.

Le tout ne s'arrête pas là. Il faut aussi noter que le premier ministre désigne parmi les membres de son conseil des ministres, un ministre responsable de chacune des provinces. Ce ministre est en quelque sorte le «patron politique» des autres ministres issus de cette même province. C'est donc par lui que passent toutes les décisions importantes concernant la province en question.

Enfin, ce qu'il faut retenir, c'est qu'au niveau fédéral, la composition des bureaux ministériels diffère d'un ministère à l'autre, et qu'il vaut mieux se renseigner préalablement afin de bien cibler les personnes-clés à contacter, celles qui sont les mieux placées pour vous aider, compte tenu à la fois de la nature de votre dossier et de la ville ou de la province où vous résidez.

Les autres instances influentes : le caucus et le Sénat

Nous en sommes régulièrement témoins dans les manchettes : il se brasse beaucoup de choses au caucus gouvernemental fédéral. Le caucus est en effet un lieu où se discutent chaque semaine les gros dossiers du gouvernement. Les députés du parti au pouvoir y siègent tous. Ils y ont donc un pouvoir d'influence sur les décisions gouvernementales et ils peuvent s'avérer de bons alliés. De la même façon, les partis d'opposition à la Chambre ont eux aussi leurs caucus qui se réunissent chaque semaine. Ils ne sont donc pas à négliger non plus.

Autre composante importante du pouvoir au niveau fédéral : le Sénat. En plus d'avoir leurs propres caucus selon leurs allégeances politiques (caucus des sénateurs libéraux, caucus des sénateurs conservateurs, etc.), les sénateurs issus de la majorité gouvernementale siègent tous au caucus du gouvernement en place. Ils participent donc activement aux grands débats qui s'y tiennent et ont un poids important dans les décisions qui y sont prises. Par ailleurs, les sénateurs font aussi partie de l'ensemble des structures politiques fédérales. Ils en retirent un pouvoir d'influence d'autant plus étendu. Il importe donc de toujours identifier les sénateurs-clés sur un sujet donné et de les intégrer dans vos démarches de relations gouvernementales.

La loi au fédéral

Si le Québec s'est récemment doté d'une loi encadrant le lobbying, le fédéral a légiféré en la matière vers la fin des années 1980. Les relations avec les instances gouvernementales fédérales sont donc depuis ce temps encadrées par la *Loi sur l'enregistrement des lobbyistes*. Cette loi dicte vos obligations notamment en matière d'enregistrement de vos activités dans le registre fédéral. Aussi, en plus des obligations contenues dans la loi, le code de déontologie qui y est rattaché dicte les règles d'éthique à respecter dans vos démarches.

La loi fédérale définit trois catégories de lobbyistes : les lobbyistes-conseils, les lobbyistes salariés (dans les entreprises) et les lobbyistes d'organisation (dans les organisations à but non lucratif). Vous noterez rapidement que tant au chapitre des informations requises que de la procédure elle-même, le système d'enregistrement au fédéral est beaucoup moins tatillon que ce que l'on retrouve au Québec. Il est toutefois conseillé de vous renseigner auprès du personnel du Bureau du conseiller en éthique — qui est chargé d'appliquer la loi fédérale — afin de bien cerner les obligations qui vous incombent. Vous pouvez obtenir de plus amples informations sur la Loi et tout ce qui l'entoure en visitant le site Internet suivant : *http://strategis.ic.gc.ca/SSGF/oe00001f.html.*

Chapitre 7
Choisir un lobbyiste et travailler avec lui

POUR CLORE NOTRE TOUR D'HORIZON de la pratique du lobbying, il importe d'aborder la question du choix d'un lobbyiste et du travail avec lui.

D'abord, il vous faudra décider si votre organisation se dotera d'un lobbyiste à temps plein (lobbyiste d'organisation) ou d'un consultant en lobbying (lobbyiste-conseil).

Puis, nous déterminerons les critères permettant de choisir un conseiller en fonction de vos besoins. Ensuite, nous livrerons quelques conseils pratiques pour garantir une collaboration harmonieuse et optimale entre votre conseiller et vous.

7.1 DÉSIGNER ET FORMER UN LOBBYISTE DANS VOTRE ORGANISATION

Généralement, on optera pour désigner un lobbyiste au sein d'une organisation si on dispose d'un volume de dossiers suffisamment important pour justifier une telle dépense. Les salaires de ces professionnels diffèrent grandement selon la taille, le chiffre d'affaires et l'importance de l'entreprise. À notre connaissance, il vous sera difficile de trouver quelqu'un d'expérience à un salaire moindre que 60 000 $ par année.

Les titulaires des fonctions de lobbying portent généralement un titre qui comprend les appellations «*affaires gouvernementales*» ou «*relations gouvernementales*» ou «*affaires publiques*». C'est donc ainsi que vous désignerez le titre du poste dans votre recrutement. Il est en effet plutôt rare de voir le titre de *Directeur du lobbying* inscrit sur les cartes d'affaires...

Plusieurs organisations choisissent de combiner la fonction de lobbying avec les fonctions de communication : relations de presse, affaires publiques, communications internes, affaires professionnelles, etc. Une telle décision dépend des besoins de votre organisation et de la quantité de travail à accomplir. Un bon consultant en dotation ou en gestion des ressources humaines peut vous accompagner dans ce type de réflexion pour orienter vos recherches en fonction de vos besoins et de vos moyens.

Vous rechercherez des candidats qui ont une connaissance de l'univers dans lequel vous évoluez. Idéalement, votre candidat sera familier avec les principaux acteurs de votre milieu, les enjeux majeurs, les changements récents, etc.

Au chapitre du bagage académique requis, il n'est pas nécessaire de prospecter exclusivement un diplômé en sciences politiques ou en droit pour occuper un poste en affaires gouvernementales. Plusieurs lobbyistes sont diplômés en économie, en relations industrielles, en histoire, en sciences sociales, en administration, etc. Au-delà de la formation académique, on recherchera donc prioritairement quelqu'un qui possède un sens politique aiguisé, un esprit d'analyse hors pair et des qualités de communicateur éprouvées, tant à l'écrit qu'à l'oral. Enfin, un bon candidat doit connaître les rouages des institutions politiques et administratives de l'État et être familier avec leurs us et coutumes.

7.2 Choisir un lobbyiste-conseil

Le lobbyiste-conseil est un consultant qui vous accompagnera dans vos démarches. Il vous aidera à identifier les stratégies, les messages-clés, les interlocuteurs, les arguments, les véhicules, etc., les plus appropriés à vos objectifs. Il faut savoir toutefois que les résultats ne sont jamais garantis. En d'autres termes, l'accompagnement par un tel conseiller, aussi compétent soit-il, n'implique pas que vous allez infailliblement obtenir ce que vous voulez. Le lobbyiste-conseil peut cependant vous permettre d'obtenir des résultats plus rapidement que si vous travaillez seul, tout en maximisant vos chances d'atteindre vos objectifs. Il est là pour vous aiguiller dans les différentes étapes à traverser et s'assurer que votre dossier est bien monté, et chemine de la bonne façon, dans les bons canaux.

Il importe donc de sélectionner soigneusement votre conseiller en relations gouvernementales, au même titre que vous choisissez votre comptable ou votre avocat.

D'abord, on s'enquerra de ses réalisations antérieures et de sa connaissance des rouages gouvernementaux. Notons qu'il n'est pas nécessaire qu'il soit un spécialiste de votre secteur d'activité pour être un bon candidat. En effet, ce qui importe davantage, c'est son niveau de connaissances générales de votre domaine en regard des institutions gouvernementales concernées.

Ensuite, il n'est pas avisé de choisir votre lobbyiste-conseil en fonction de sa couleur politique ou de l'épaisseur de son carnet de contacts. Nous l'avons abondamment répété, une grande partie du travail de lobbying se fait avec l'administration. Il est donc plus utile que votre lobbyiste-conseil fasse preuve de connaissance des institutions gouvernementales (ministères, programmes, priorités ministérielles, etc.) que de familiarité avec le cabinet du ministre qui vous intéresse. Méfiez-vous d'emblée d'un conseiller qui tenterait de se vendre sur la base de son copinage avec un membre du cabinet d'un ministre.

Saisit-il les principaux enjeux auxquels vous êtes confrontés ? A-t-il déjà traité des dossiers similaires ? Est-il capable d'étayer un argumentaire convaincant ? Vous apparaît-il comme étant un fin stratège ? Voilà autant de facteurs qui vous permettront d'orienter adéquatement votre choix.

S'ensuivent une série de considérations de nature pécuniaire. Les honoraires des lobbyistes varient d'une échelle de quelque 100 $/heure, à quelque 600 $/heure selon la taille du cabinet auquel il est affilié, son prestige, sa réputation, etc. Puisque l'obtention de ce que vous voulez peut prendre du temps et demander beaucoup de travail, sélectionnez le professionnel qui cadre dans votre budget. Demeurez vigilant sur le réalisme des échéanciers qu'il vous soumettra. Vous risquez d'être déçu et de défoncer votre budget si vous croyez aux «*dans deux semaines, c'est réglé*» ! Il en va de même en ce qui concerne sa franchise sur vos chances de gagner. Il y a tellement d'impondérables en relations gouvernementales qu'il est difficile de garantir le succès à un client.

Vous remarquerez qu'il est difficile de débusquer les lobbyistes-conseils. Si vous parcourez les pages jaunes des annuaires téléphoniques, vous ne verrez pas de lobbyistes. Ils se trouvent noblement dans les rubriques «Conseillers en relations publiques» ou «Conseillers en communication». Vous pouvez aussi consulter le Registre des lobbyistes du gouvernement du Québec. La majorité des lobbyistes y sont inscrits. Enfin, comme dans tout autre domaine, une des meilleures sources d'information demeure la référence de quelqu'un en qui vous avez confiance.

7.3 Les clés du succès pour travailler avec un lobbyiste-conseil

Nous l'avons noté, le lobbyiste-conseil est là pour vous accompagner dans vos démarches. Il n'est pas spécialiste dans votre domaine et ses connaissances concernant votre organisation sont moins étoffées que les vôtres. Aussi, faut-il savoir maximiser l'utilisation de ses conseils. Vous collaborerez avec lui en lui fournissant toutes les informations pertinentes dont vous disposez sur votre projet, votre environnement, vos alliés et vos détracteurs, vos démarches passées, etc.

Votre conseiller vous aidera ensuite à établir un programme de relations gouvernementales et les diverses stratégies à mettre en œuvre: rédaction des documents requis, identification des acteurs à rencontrer, planification des rencontres en cause, mise en contact avec des personnes ciblées et préparation aux diverses rencontres. C'est aussi lui qui vous aidera à formuler les messages-clés et l'argumentaire en appui à votre dossier. Lorsque cela est requis, il définira le plan de match relatif au positionnement public de votre dossier.

Piloter un dossier en relations gouvernementales, c'est s'attendre à rencontrer plusieurs obstacles et surprises à tout moment. Remaniement ministériel, changement de cap de la machine, naissance soudaine d'une nouvelle directive au ministère, voilà autant d'imprévus qui parsèment le parcours ministériel d'un dossier. Il faut donc s'attendre à devoir composer avec les aléas de ces changements et maintenir un lien étroit avec son lobbyiste-conseil pour le tenir informé promptement de tout nouveau développement, aussi anodin qu'il puisse paraître. Vous avez reçu un coup de fil d'un fonctionnaire ? Informez-en votre conseiller. Vous recevez un simple accusé de réception à une correspondance au cabinet ? Informez-en votre conseiller. Bref, il ne faut négliger aucun détail.

Pour que la stratégie adoptée fonctionne, il faut également s'y tenir. Les initiatives inopinées, comme dénoncer le gouvernement sur la place publique ou dévoiler certains éléments stratégiques de votre dossier, peuvent amenuiser, voire miner totalement vos chances de réussite. S'engager avec un lobbyiste dans un programme de relations gouvernementales, c'est s'engager mutuellement à ne pas faire un pas sans l'autre. Votre conseiller ne pourra pas faire grand-chose pour vous si vous court-circuitez le déroulement des manœuvres planifiées.

Puisque les relations gouvernementales sont un éternel recommencement, une stratégie nécessitera de fréquents et prestes réalignements. Des mises au point régulières avec votre conseiller, au fur et à mesure de votre cheminement, sont donc recommandées.

De plus, à l'instar de ce qu'on observe en bien d'autres domaines, la relation de confiance mutuelle doit être de la partie en tout temps. Si vous perdez confiance en votre consultant (et vice versa), mieux vaut aborder la question directement et y apporter les solutions requises rapidement. Il en va de l'atteinte de vos objectifs.

Enfin, la clé du succès réside dans votre capacité de conviction et dans l'intégrité indéfectible de ce que vous avancez. Ainsi en soit-il de votre lobbyiste-conseil !

La vérité est le meilleur argument.
Hazrat Ali

Conclusion

DANS CET OUVRAGE, vous avez été conviés à un tour d'horizon dans l'univers du *lobbying*. Nous espérons que vous y avez découvert des informations qui vous permettront de mieux vous faire comprendre des gouvernements et d'accroître vos chances d'atteindre vos objectifs.

Cependant, au-delà des considérations techniques et pratiques, il demeure un fait : le lobbying est un art. Nous l'avons vu, tenter d'influencer les décisions des gouvernements commande le déploiement de stratégies complexes. Sans compter qu'il faut également séduire, émouvoir et instruire un interlocuteur pour le convaincre. Diverses techniques peuvent nous aider à y arriver mais elles ne sauraient suffire à elles seules. Il n'y a malheureusement pas de recette miracle. Les techniques sont au lobbying ce que les couleurs sont au peintre. Entre les couleurs sur la palette de l'artiste et son Œuvre avec un grand « O », il y a sa démarche artistique, sa créativité, son art. Il en va ainsi du lobbying qui n'est pas une science exacte et qui peut s'exercer de différentes façons, au moyen de différentes techniques.

Partant de ce constat, cet ouvrage aura rendu les services souhaités s'il a permis de mieux faire comprendre ce qu'est le lobbying, de le démystifier et de mieux vous outiller pour faire face aux structures complexes, capricieuses et particulières de l'appareil gouvernemental.

Enfin, nous souhaitons que ce livre puisse avoir convaincu les lecteurs rébarbatifs que le lobbying n'est pas en soi quelque chose de négatif ou de mauvais, qu'à l'instar de bien d'autres choses il peut s'exercer à bon ou à mauvais escient, et qu'en bout de ligne, il s'agit d'une activité légitime et nécessaire dans toute société libre et démocratique.

Bibliographie

Sites Internet consultés

- www.assnat.qc.ca
- www.granddictionnaire.com
- www.toutelapoesie.com
- BRETON, Philippe. Texte présenté à la journée d'études du 26 mai 1998, *Usages et réception des médias*, CNRS Strasbourg. www.hatt.nom.fr/rhetorique/art10c.htm
- https://si1.lobby.gouv.ac.ca/internet/accueil.asp
- www.citationsdumonde.com
- www.lcc.gatech.edu/gallery/rhetoric/figures/perelman.html
- www.lcc.gatech.edu/gallery/rhetoric/issues/newrhetoric.html
- http://bradley.bradley.edu/ell/perelfft.html
- www.espace-ethique.org/dossiers_them/philosophie/philo02.html
- www.willamette.edu/cla/rhetoric/courses/arguemntation/perelman.htm
- www.hatt.nom.fr/rhetoric/art10c.htm
- www.parl.gc.ca/committees352/francais_intro.html
- http://strategis.ic.gc.ca/SSGF/oe00001f.html
- http://www.parl.gc.ca/information/about/process/house/guide/guide-f.htm

Ouvrages de référence

ARISTOTE. *Rhétorique*, Paris, Gallimard, 1991.

ASSEMBLÉE NATIONALE DU QUÉBEC. *Journal des débats de la 36e législature*, Québec, ANQ, 2000.

________. *La Procédure parlementaire du Québec*, Québec, ANQ, 2000.

BERNIER, Robert. *Un siècle de propagande ? Information, communication, marketing gouvernemental*, Sainte-Foy, Les Presses de l'université du Québec, 2001.

BRETON, Philippe. *L'Argumentation dans la communication*, Paris, Éditions La Découverte, 2001.

BUREAU DU PRÉSIDENT DE LA CHAMBRE DES COMMUNES. *Guide de la Chambre des communes du Canada*, Ottawa, Bureau du président de la Chambre des communes, 2e édition, 2002.

CABIN, Philippe et *al. La Communication. État des savoirs*, Paris, Éditions sciences humaines, 1998.

CHAMBRE DES COMMUNES DU CANADA. *Guide des témoins comparaissant devant un comité de la Chambre des communes*, Ottawa, Bureau du président de la Chambre des communes, 2002.

DESCHÊNES, Jean-Claude et François DUCHARME. *Les Relations gouvernementales.* Séminaire de formation donné par Hill & Knowlton, Ducharme, Perron, le 19 mars 2002.

DUFOUR, Ghislain. *Ghislain Dufour témoigne des 30 ans du CPQ*, Montréal, Éditions Transcontinental, 2000.

DUMAS, Jean. *Séduire par les mots*, Montréal, Les Presses de l'Université de Montréal, 2001.

DE VILLERS, Marie-Éva. *Multidictionnaire de la langue française*, Montréal, Québec/Amérique, 3e édition, 1997.

FORSEY, Eugene A. *Les Canadiens et leur système de gouvernement*, Ottawa, Bibliothèque du Parlement, 5e édition, 2002.

GIROUD, Françoise. *Arthur ou le bonheur de vivre*, Paris, Fayard, 1997.

LA HAYE, Francine et Jennifer ROBINSON. *National : 25 ans de pratique des relations publiques au Canada*, Montréal, Le Cabinet de relations publiques National, 2002.

LIVET, Pierre et *al. L'Argumentation. Droit, philosophie et sciences sociales*, Sainte-Foy, Les Presses de l'Université Laval, 2000.

MARQUIS, André. *Le Style en friche. L'art de retravailler ses textes*, Montréal, Triptyque, 1998.

MARTIN, Jean-Claude. *Communiquer : mode d'emploi*, Paris, Marabout, 2002.

________. *Le Guide de la communication*, Paris, Marabout, 1999.

PASCAL, Blaise. *De l'art de persuader*. Paris, Éditions Mille et une nuits, 2001.

PERELMAN, Chaïm et L. OBRECHTS-TYTECA. *Traité de l'argumentation*, Bruxelles, Éditions de l'Université de Bruxelles, 4e édition, 1983.

PITCHER, Patricia. *Artistes, artisans et technocrates dans nos organisations. Rêves, réalités et illusions du leadership*, Montréal, Québec/Amérique, Les Presses HEC, 2e édition, 1997.

SCHOPENHAUER, Arthur. *L'Art d'avoir toujours raison. La dialectique éristique*, Paris, Éditions Mille et une nuits, 2000.

VERMETTE, Jacques et Richard CLOUTIER. *La Parole en public*, Sainte-Foy, Les Presses de l'Université Laval, 1992.

Table des matières

AGMV Marquis

MEMBRE DE SCABRINI MEDIA

Québec, Canada
2003